*La diferencia entre aprobar
y sacar plaza*

Auxiliar Administrativo/a

AYUNTAMIENTO DE GETAFE

Accede a tu **Curso MAD360** y disfruta de los siguientes recursos:

- Técnicas de Memoria 360.
- MADTEST: Test nivel PRO.
- Temario en formato digital.
- Vídeos.
- Esquemas.
- Planificación de estudio.
- Foro entre opositores hasta la fecha del examen.*
- Recursos y novedades exclusivas.
- Consulta sobre la oposición y el proceso selectivo.
- Actualizaciones legislativas (Boletines Oficiales) hasta 60 días antes de la fecha del examen.*

Para acceder al Curso MAD360** será necesaria la compra de todos los libros para esta especialidad de la edición 2024.

Valida los códigos que encuentras en la última página de tus libros y disfruta de la experiencia MAD360.

Infórmate en: mad.es/registro-campus

NOTA IMPORTANTE:

* Examen de esta categoría profesional correspondiente a la convocatoria publicada en el BOE n.º 259, de 26 de octubre de 2024, o hasta el 31 de diciembre de 2025, lo que se cumpla antes.

** El acceso al CURSO MAD360 estará disponible desde diciembre de 2024 (algunos recursos podrían estar disponibles en fecha posterior). Tendrá una duración de 365 días, desde la validación de códigos, o hasta el 30 de junio de 2026, lo que se cumpla antes.

MAD se reserva el derecho a ampliar dichas fechas.

Auxiliar Administrativo/a del Ayuntamiento de Getafe

Noviembre, 2024

Auxiliar Administrativo/a del Ayuntamiento de Getafe

Test del temario

EDITORES

Autores

ELENA GARCÍA FERNÁNDEZ
Licenciada en Derecho

TERESA MARÍA TORRES FONSECA
Licenciada en Derecho

CARLOS TOJEIRO ALCALÁ
Ingeniero Informático
Titulado MCP de Microsoft

© 7 Editores Recursos para la Cualificación Profesional y el Empleo, S.L. (7 Editores)
© Los autores
Primera edición, noviembre 2024 (208 páginas)
Derechos de edición reservados a favor de 7 Editores
IMPRESO EN ESPAÑA
Diseño Portada: 7 Editores
Edita: 7 Editores
Avda. San Francisco Javier, 9 · Edificio Sevilla 2 · Planta 11 · Módulos 25-27 · 41018 Sevilla
Teléfono: 954 784 411 · WEB: www.mad.es · e-mail: administracion@7editores.com
ISBN: 978-84-142-8932-7
© "Editorial Mad" y "Eduforma" son nombres comerciales registrados de
7 Editores Recursos para la Cualificación Profesional y el Empleo, S.L.

Índice

TEST N.º 1

La Constitución Española de 1978. Estructura y contenido esencial, los derechos y deberes fundamentales, las libertades públicas y los principios rectores de la política social y económica en la Constitución Española. La protección jurisdiccional de los derechos fundamentales de la persona

1. ¿En qué se fundamenta la Constitución Española?

a) En un Estado social y democrático de Derecho.
b) En la indisoluble unidad de la Nación española.
c) En la independencia de los poderes del Estado.
d) En la organización territorial del Estado.

2. Según el artículo 3 de la CE, el castellano es la lengua oficial del Estado y todos los españoles:

a) Tienen el deber de usar y el derecho de conocer el castellano.
b) Tienen el derecho y el deber de conocer el castellano.
c) Tienen el deber de conocer y el derecho de usar el castellano.
d) Tienen el derecho de conocer y usar el castellano.

3. La Constitución Española reconoce y garantiza el derecho a la autonomía:

a) De las nacionalidades que la integran.
b) De las regiones que la integran.
c) De las Comunidades Autónomas que la integran.
d) De las nacionalidades y regiones que la integran.

4. El Preámbulo de la Constitución:

a) Tiene en sí carácter de norma jurídica.
b) Es una declaración de intenciones, destinada a interpretar lo que se quiere alcanzar con el contenido normativo de la Constitución.
c) Se trata de un texto sin fuerza jurídica de obligar.
d) Las respuestas b) y c) son correctas.

5. Señala la respuesta correcta, respecto de la aprobación, ratificación y publicación de la Constitución Española:

a) Aprobada por las Cortes el 31 de octubre de 1978, ratificada por el pueblo en referéndum el 6 de diciembre de 1978 y publicada el 29 de diciembre de 1978.

b) Aprobada por las Cortes el 30 de octubre de 1978, ratificada por el pueblo en referéndum el 16 de diciembre de 1978 y publicada el 27 de diciembre de 1978.

c) Aprobada por las Cortes el 31 de octubre de 1978, ratificada por el pueblo en referéndum el 16 de diciembre de 1978 y publicada el 29 de diciembre de 1978.

d) Aprobada por las Cortes el 10 de octubre de 1978, ratificada por el pueblo en referéndum el 26 de diciembre de 1978 y publicada el 30 de diciembre de 1978.

6. ¿En qué parte de la Carta Magna se establece la exposición de motivos que impulsan la norma constitucional y los objetivos que con ella se pretenden alcanzar?

a) En el Título Preliminar.
b) En el Preámbulo.
c) En el Título I.
d) En el Título II.

7. La Constitución Española fue sancionada por:

a) El Rey.
b) El Presidente del Congreso.
c) Las Cortes Generales.
d) El Presidente del Gobierno.

8. ¿Cuáles de los siguientes españoles de origen pueden ser privados de su nacionalidad?

a) Exclusivamente los miembros de grupos terroristas.
b) Los miembros de grupos terroristas y los que atenten contra el Rey u otro miembro de la Casa Real.
c) Los que atenten contra un miembro de la Familia Real o del Gobierno de la Nación.
d) Ningún español de origen podrá ser privado de su nacionalidad.

9. Según la CE son fundamentos del orden político y la paz social:

a) La dignidad de la persona, los derechos violables que les son inherentes y el respeto a la ley.
b) La dignidad de la persona, el desarrollo limitado de la personalidad y el respeto a la ley.
c) El respeto a la ley, a los reglamentos administrativos y demás disposiciones legales.
d) La dignidad de la persona, los derechos inviolables que le son inherentes, el libre desarrollo de su personalidad, el respeto a la ley y a los derechos de los demás.

10. ¿Cuál de los siguientes es considerado por la CE como uno de los valores superiores del ordenamiento jurídico?

a) La jerarquía normativa.
b) El pluralismo político.
c) La publicidad normativa.
d) La equidad.

11. La forma política del Estado español es:

a) Democracia parlamentaria.
b) Gobierno parlamentario.
c) Monarquía parlamentaria.
d) República democrática.

12. La parte de la CE que regula la estructura de los principales órganos del Estado recibe el nombre de:

a) Parte dogmática.
b) Parte orgánica.
c) Parte estatal.
d) Parte estructural.

13. Según la CE, la soberanía nacional:

a) Corresponde a las Cortes Generales, al estar compuestas por los representantes del pueblo.
b) Corresponde al Rey.
c) Reside en el pueblo español.
d) Corresponde al Gobierno de la Nación elegido directamente por el pueblo.

14. ¿En qué parte de la Carta Magna se señalan los valores superiores del ordenamiento jurídico?

a) En el Preámbulo.
b) En el Título Preliminar.
c) En el Título I.
d) Ninguna respuesta es correcta.

15. ¿Cuál de las siguientes es una de las características de nuestra Constitución de 1978?

a) Consensuada.
b) Corta.
c) Conservadora.
d) Originalidad.

16. Son el fundamento del orden político y de la paz social:

a) El libre desarrollo de la personalidad.
b) Los derechos inviolables que les son inherentes.
c) El respeto a la ley y a los derechos de los demás.
d) Todas las respuestas son correctas.

17. ¿Qué quedará excluido de extradición?

a) Los delitos criminales.
b) Los delitos políticos.
c) Los actos de terrorismo.
d) Ninguno.

18. ¿Qué debe ser democrático, a tenor de lo dispuesto en la Constitución Española, en los sindicatos de trabajadores y las asociaciones empresariales?

a) Su funcionamiento.
b) Su estructura interna.
c) Su funcionamiento y estructura interna.
d) Sus órganos asamblearios.

19. ¿De cuántos Capítulos consta el Título I de la CE de 1978?

a) De tres.
b) De cinco.
c) De dos.
d) De cuatro.

20. El principio en virtud del cual un Reglamento no puede contradecir una ley es el de:

a) Legalidad.
b) Jerarquía normativa.
c) Las respuestas a) y b) son correctas.
d) Seguridad jurídica.

21. Según la Constitución, una norma que imponga una nueva pena más leve para un delito:

a) No se aplica retroactivamente.
b) Puede aplicarse retroactivamente.
c) Ha de ser reglamentaria.
d) Atenta contra el principio de legalidad penal si se aplica retroactivamente.

22. Todos los españoles, respecto al castellano, tienen el:

a) Derecho-deber de conocerlo.
b) Derecho de usar y deber de conocerlo.
c) Derecho-deber de usarlo.
d) Nada de lo anterior.

23. La capital del Estado en España es:

a) La propia de cada Comunidad Autónoma.
b) La villa de Madrid.
c) Aquella donde se establezca en cada momento el Gobierno de la Nación.
d) Aquella en la que resida generalmente el Rey.

24. El Título de la Constitución que trata de la reforma constitucional es el:

a) Primero.
b) Décimo.
c) Noveno.
d) Undécimo.

25. Los principios rectores de la política social y económica se regulan en el siguiente Capítulo y Título de la Constitución:

a) Segundo del Primero.
b) Tercero del Primero.
c) Tercero del Preliminar.
d) Primero del Séptimo.

26. La justicia, según nuestra Constitución, es un/una:

a) Principio de nuestro ordenamiento jurídico.
b) Valor superior del anterior.
c) Manifestación del Estado democrático.
d) Todo lo anterior.

27. Un español de origen puede perder esta nacionalidad:

a) Por sanción administrativa.
b) Cuando libremente renuncie a la misma.
c) Por condena penal.
d) En ningún caso.

28. Constituye el fundamento del orden público y de la paz social, según la Constitución, el/la/los:

a) Derechos inviolables inherentes a la persona.
b) Estado social y democrático de Derecho.
c) Seguridad jurídica.
d) Justicia.

29. Las Comunidades Autónomas deben usar o instalar la bandera española:

a) En sus edificios.
b) En los actos oficiales.
c) Cuando lo solicite el Delegado del Gobierno de la Nación en las mismas.
d) Cuando lo estimen oportuno.

30. Deben tener una estructura interna y un funcionamiento democrático los/las:

a) Partidos Políticos.
b) Colegios Profesionales.
c) Organizaciones Profesionales.
d) Todos ellos.

31. La defensa de la integridad territorial de España se atribuye por la Constitución a/al/a las:

a) Fuerzas y Cuerpos de Seguridad.
b) Fuerzas Armadas.
c) Gobierno de la Nación.
d) Todas las anteriores.

32. El Título de la Constitución que trata de las relaciones entre el Gobierno y las Cortes Generales es el:

a) Cuarto.
b) Quinto.
c) Sexto.
d) Tercero.

33. La Constitución entró en vigor:

a) Al día siguiente de su publicación en el Boletín Oficial del Estado.
b) El 27 de diciembre de 1978.
c) El 29 de diciembre de 1978.
d) Al ser aprobada en la sesión conjunta por el Congreso de los Diputados y el Senado.

34. ¿En qué fecha aprobaron las Cortes Generales la Constitución Española?

a) El 31 de octubre de 1978.
b) El 6 de diciembre de 1978.
c) El 27 de diciembre de 1978.
d) El 29 de diciembre de 1978.

35. ¿Cuál de las siguientes no es una característica de la Carta Magna?

a) Su rigidez.
b) El establecimiento, como forma política del Estado, de la monarquía hereditaria.
c) Su codificación en un solo texto.
d) Su extensión.

36. ¿De cuántos artículos consta la Constitución Española de 1978?

a) De 154.
b) De 163.
c) De 169.
d) De 171.

37. ¿Cuál de los siguientes no es uno de los valores superiores de nuestro ordenamiento jurídico?

a) El pluralismo político.
b) La solidaridad.
c) La libertad.
d) La igualdad.

38. A tenor del artículo 11 de la Constitución, los españoles de origen podrán ser privados de su nacionalidad:

a) Cuando así lo determinen las leyes.
b) Cuando entren al servicio de las armas de un país extranjero.
c) Cuando así lo apruebe el Consejo de Ministros.
d) En ningún caso un español de origen podrá ser privado de su nacionalidad.

39. Las Cortes Generales, ¿en qué Título de nuestra Constitución se recogen?

a) En el Título II.
b) En el Título III.
c) En el Título IV.
d) En el Título VI.

40. Según la Disposición Final de nuestra Constitución, esta entrará en vigor:

a) Al día siguiente de su publicación en el Boletín Oficial del Estado.
b) A los veinte días de la publicación de su texto oficial en el Boletín Oficial del Estado.
c) El mismo día de la publicación de su texto oficial en el Boletín Oficial del Estado.
d) Al año de la publicación de su texto oficial en el Boletín Oficial del Estado.

41. El derecho a la propiedad en nuestra Constitución es un Derecho:

a) Inherente a la condición humana.
b) Absoluto.
c) Que está limitado por la función social de la misma.
d) Ninguna de las respuestas anteriores es correcta.

42. Dispone la Carta Magna que todos contribuirán al sostenimiento de los gastos públicos de acuerdo con su capacidad económica mediante un sistema tributario justo inspirado en los principios de:

a) Legalidad y equidad.
b) Igualdad y progresividad.
c) Publicidad y legalidad.
d) Eficacia y sostenibilidad.

43. En virtud del principio de progresividad tributaria:

a) Se implantarán paulatinamente cada vez mayores tributos.
b) Los tipos impositivos serán regresivos.
c) Prima el principio de igualdad en el pago de los tributos.
d) Nada de lo expuesto es cierto.

44. Según la Constitución, el Estado es:

a) Apolítico.
b) Aconfesional.
c) De bienestar social.
d) Federal.

45. El derecho a la vida se consagra en el siguiente artículo de la Constitución:

a) 10.
b) 16.
c) 15.
d) 24.

46. La pena de muerte en España:

a) Ha quedado abolida.
b) Puede aplicarse en cualquier momento.
c) Solo se aplicará, en tiempo de guerra, a los militares.
d) Rige solo en el ámbito civil.

47. La inmediata puesta a disposición judicial derivada del *habeas corpus*, se produce por:

a) Detención ilegal.
b) Prisión ilegal.
c) Prisión preventiva.
d) Detención preventiva.

48. El proceso en el que se enjuicie a un presunto delincuente debe:

a) Ser sumario.
b) No dilatarse.
c) Entorpecer los instrumentos probatorios.
d) Nada de lo anterior es cierto.

49. La entrada en un domicilio en caso de flagrante delito, sin autorización de su titular:

a) Puede dar lugar a la aplicación del habeas corpus.
b) Requiere autorización previa de la autoridad judicial.
c) Puede efectuarse en todo momento.
d) No puede realizarse en momento alguno.

50. Cuando, al conocerse la comisión de un delito por una persona, se acude a su domicilio para detenerla:

a) Está obligada a franquear la entrada.
b) Se necesitará autorización judicial para entrar, si no da su consentimiento para ello.
c) Pese a que no dé su consentimiento, se puede entrar.
d) Nada de lo anterior es correcto.

51. La autorización previa para celebrar una manifestación pública:

a) La da el Subdelegado del Gobierno en la Provincia.
b) Es ineludible.
c) Sería inconstitucional.
d) Se da cuando no se prevean alteraciones al orden público, con peligro para personas o bienes.

52. El tipo de sufragio que consagra la Constitución es el:

a) Proporcional.
b) Universal.
c) Censitario.
d) Las respuestas a) y b) son correctas.

53. Además de la no autoinculpación, la Constitución prevé que no se está obligado a declarar sobre un hecho presuntamente delictivo en caso de:

a) Parentesco y afinidad.
b) Cláusula de conciencia.
c) Secreto profesional.
d) Las respuestas a) y b) son correctas.

54. Los Tribunales de Honor están prohibidos respecto de los/la/las:

a) Sindicatos y Organizaciones Profesionales.
b) Administración Civil y Militar.
c) Organizaciones Profesionales y la Administración Civil.
d) Todas las respuestas anteriores son correctas.

55. ¿En qué artículos de nuestra CE se recogen los derechos fundamentales y de las libertades públicas?

a) En los artículos 10 a 43.
b) En los artículos 25 a 38.
c) En los artículos 31 a 45.
d) En los artículos 15 a 29.

56. La fundación de una Internacional Sindical por un sindicato español:

a) Es libre.
b) Está prohibida.
c) Debe plasmarse en un Tratado Internacional.
d) Nada de lo anterior es cierto.

57. El ejercicio del derecho de petición a través de una manifestación ciudadana:

a) No se admite.
b) Se admite en algún caso.
c) Se admite, salvo para los militares.
d) Ni se admite ni se prohíbe.

58. Nuestro sistema tributario ha de ser:

a) Regresivo e igualitario.
b) Progresivo y generalizado.
c) Confiscatorio.
d) Justo y regresivo.

59. Las Fundaciones son:

a) Entidades constituidas para fines de interés general.
b) Administración Corporativa.
c) Entidades privadas con fines de carácter también privado.
d) Asociaciones de personas para conseguir fines de interés general.

60. La asistencia de todo orden a los hijos habidos extraconyugalmente:

a) No está prevista en la Constitución.
b) Es un deber de los padres.
c) Se dispensará por Instituciones de Beneficencia.
d) Se dispensa solo a los que de ellos tengan discapacidad.

61. La especulación urbanística, según la Constitución:

a) Debe evitarse.
b) Está permitida.
c) Genera plusvalías para la colectividad.
d) Pueden hacerla los poderes públicos.

62. No es susceptible de recurso de amparo el derecho a la/de:

a) Sindicación.
b) Investigación científica.
c) Secreto de las comunicaciones.
d) Lo son todos ellos.

63. No es susceptible de recurso de amparo el derecho de:

a) Libertad de cátedra.
b) Negociación colectiva.
c) Manifestación.
d) Huelga.

64. Es susceptible de recurso de amparo el derecho a la/de:

a) Libre sindicación.
b) Petición.
c) Cláusula de conciencia.
d) Lo están todos ellos.

65. Una vez declarado el estado de excepción no se puede suspender el derecho/libertad de:

a) Huelga.
b) Enseñanza.
c) Adopción de medidas de conflicto colectivo.
d) Libertad de circulación.

66. Durante el estado de excepción, un detenido conserva el derecho de/a:

a) Setenta y dos horas para ser puesto a disposición judicial.
b) Secreto de comunicaciones.
c) Asistencia de Letrado.
d) Ninguno de ellos.

67. Se puede suspender, con motivo de investigaciones relativas a bandas armadas, el derecho de:

a) Huelga.
b) Inviolabilidad del domicilio.
c) Libertad de circulación.
d) Las respuestas b) y c) son correctas.

68. Nuestra Constitución trata de los derechos y deberes fundamentales de los españoles en su Título I, denominado:

a) De los derechos y deberes fundamentales.
b) De los deberes de los españoles.
c) De los derechos de los españoles.
d) De los derechos y deberes principales de los españoles.

Solución al test n.º 1

1. b) En la indisoluble unidad de la Nación española.

2. c) Tienen el deber de conocer y el derecho de usar el castellano.

3. d) De las nacionalidades y regiones que la integran.

4. d) Las respuestas b) y c) son correctas.

5. a) Aprobada por las Cortes el 31 de octubre de 1978, ratificada por el pueblo en referéndum el 6 de diciembre de 1978 y publicada el 29 de diciembre de 1978.

6. b) En el Preámbulo.

7. a) El Rey.

8. d) Ningún español de origen podrá ser privado de su nacionalidad.

9. d) La dignidad de la persona, los derechos inviolables que le son inherentes, el libre desarrollo de su personalidad, el respeto a la ley y a los derechos de los demás.

10. b) El pluralismo político.

11. c) Monarquía parlamentaria.

12. b) Parte orgánica.

13. c) Reside en el pueblo español.

14. b) En el Título Preliminar.

15. a) Consensuada.

16. d) Todas las respuestas son correctas.

17. b) Los delitos políticos.

18. c) Su funcionamiento y estructura interna.

19. b) De cinco.

20. c) Las respuestas a) y b) son correctas.

21. b) Puede aplicarse retroactivamente.

22. b) Derecho de usar y deber de conocerlo.

23. b) La villa de Madrid.

24. b) Décimo.

25. b) Tercero del Primero.

26. b) Valor superior del anterior.

27. b) Cuando libremente renuncie a la misma.

28. a) Derechos inviolables inherentes a la persona.

29. b) En los actos oficiales.

30. d) Todos ellos.

31. b) Fuerzas Armadas.

32. b) Quinto.

33. c) El 29 de diciembre de 1978.

34. a) El 31 de octubre de 1978.

35. b) El establecimiento, como forma política del Estado, de la monarquía hereditaria.

36. c) De 169.

37. b) La solidaridad.

38. d) En ningún caso un español de origen podrá ser privado de su nacionalidad.

39. b) En el Título III.

40. c) El mismo día de la publicación de su texto oficial en el Boletín Oficial del Estado.

41. c) Que está limitado por la función social de la misma.

42. b) Igualdad y progresividad.

43. d) Nada de lo expuesto es cierto.

44. b) Aconfesional.

45. c) 15.

46. a) Ha quedado abolida.

47. a) Detención ilegal.

48. b) No dilatarse.

49. c) Puede efectuarse en todo momento.

50. b) Se necesitará autorización judicial para entrar, si no da su consentimiento para ello.

51. c) Sería inconstitucional.

52. b) Universal.

53. c) Secreto profesional.

54. c) Organizaciones Profesionales y la Administración Civil.

55. d) En los artículos 15 a 29.

56. a) Es libre.

57. a) No se admite.

58. b) Progresivo y generalizado.

59. a) Entidades constituidas para fines de interés general.

60. b) Es un deber de los padres.

61. a) Debe evitarse.

62. b) Investigación científica.

63. b) Negociación colectiva.

64. d) Lo están todos ellos.

65. b) Enseñanza.

66. c) Asistencia de Letrado.

67. b) Inviolabilidad del domicilio.

68. a) De los derechos y deberes fundamentales.

TEST N.º 2

Ley 40/2015 de 1 de octubre de Régimen Jurídico del Sector Público. Disposiciones generales. Principios de actuación de las Administraciones Públicas. De los órganos de las Administraciones públicas

1. En cuanto a la competencia de los órganos administrativos:

a) La competencia es renunciable por los órganos que la tengan atribuida.

b) La titularidad y el ejercicio de las competencias atribuidas a los órganos administrativos no podrán ser desconcentradas en otros jerárquicamente dependientes de aquellos.

c) La encomienda de gestión, la delegación de firma y la suplencia no suponen alteración de la titularidad de la competencia, aunque sí de los elementos determinantes de su ejercicio que en cada caso se prevén.

d) Si alguna disposición atribuye competencia a una Administración, sin especificar el órgano que debe ejercerla, se entenderá que la facultad de instruir y resolver los expedientes corresponde a los órganos superiores competentes por razón de la materia y del territorio.

2. En referencia a los órganos administrativos, podrán delegar competencias relativas a:

a) Asuntos que se refieran a relaciones con la Jefatura del Estado.

b) La adopción de disposiciones de carácter general.

c) La resolución de recursos en los órganos administrativos que hayan dictado los actos objeto de recurso.

d) El ejercicio de la potestad sancionadora.

3. En relación con la delegación de competencias entre órganos administrativos, no es cierto que:

a) La delegación puede ser revocada en cualquier momento por el órgano que la haya conferido.

b) La delegación de competencias atribuidas a órganos colegiados, para cuyo ejercicio ordinario se requiera un quórum especial, deberá adoptarse observando, en todo caso, dicho quórum.

c) Las competencias que se ejercen por delegación pueden ser delegadas.

d) No podrán ser delegadas aquellas materias en que así se determine por norma con rango de ley.

4. En cuanto a la delegación de firma, es cierto que:

a) La delegación de firma altera la competencia del órgano delegante.

b) Para su validez es necesaria su publicación.

c) Solo puede delegarse la firma en materias que se ostenten por atribución.

d) En las resoluciones y actos que se firmen por delegación se hará constar la autoridad de procedencia.

5. En relación con los conflictos de atribuciones entre órganos administrativos, no es cierto que:

a) El órgano administrativo que se estime incompetente para la resolución de un asunto remitirá directamente las actuaciones al órgano que considere competente.

b) Los interesados que sean parte en el procedimiento podrán dirigirse al órgano que se encuentre conociendo de un asunto para que decline su competencia y remita las actuaciones al órgano competente.

c) Los interesados podrán dirigirse al órgano que estimen competente para que requiera de inhibición al que esté conociendo del asunto.

d) Los conflictos de atribuciones solo podrán suscitarse entre órganos de una misma Administración relacionados jerárquicamente.

6. En relación con las instrucciones y órdenes de servicio, no es cierto que:

a) El incumplimiento de las instrucciones u órdenes de servicio supone la invalidez de los actos dictados por los órganos administrativos.

b) Son normas de carácter interno, que no han de afectar a los administrados.

c) No requieren un especial procedimiento de elaboración.

d) Su cumplimiento se subordina al conocimiento de las mismas por sus destinatarios.

7. Señala la respuesta incorrecta. Las autoridades y el personal al servicio de las Administraciones se abstendrán de intervenir en el procedimiento:

a) Cuando tengan interés personal en el asunto de que se trate o en otro en cuya resolución pudiera influir la de aquel.

b) Si tienen parentesco de consanguinidad o de afinidad dentro del cuarto grado, con cualquiera de los interesados.

c) Tener amistad íntima con los administradores de entidades o sociedades interesadas o con los asesores, representantes legales o mandatarios que intervengan en el procedimiento.

d) Haber tenido intervención como perito o como testigo en el procedimiento de que se trate.

8. Señala la respuesta correcta en relación con la abstención en el procedimiento:

a) La actuación de autoridades y personal al servicio de las Administraciones Públicas en los que concurran motivos de abstención implicará, necesariamente, la invalidez de los actos en que hayan intervenido.

b) Los órganos jerárquicamente superiores podrán ordenar a las personas en quienes se dé alguna de las circunstancias señaladas en el art. 23 de la LRJSP que se abstengan de toda intervención en el expediente.

c) La no abstención en los casos en que proceda no dará lugar a responsabilidad.

d) La enemistad manifiesta no es motivo de abstención en el procedimiento de una autoridad de la Administración Pública.

9. En lo concerniente a la recusación, a la que se refiere el art. 24 de la LRJSP:

a) La recusación deberá promoverse por los interesados antes de que se inicie la tramitación del procedimiento.

b) La recusación se planteará por escrito en el que se expresará la causa o causas en que se funda.

c) Si el recusado niega la causa de recusación, el superior resolverá en el plazo de tres meses, previos los informes y comprobaciones que considere oportunos.

d) Contra las resoluciones adoptadas en esta materia cabe recurso de alzada.

10. Los órganos administrativos podrán dirigir las actividades de sus órganos jerárquicamente dependientes mediante:

a) Instrucciones y Órdenes de servicio.

b) Circulares.

c) Notas de servicio y Recomendaciones.

d) Directrices y Avisos.

Solución al test n.º 2

1. c) La encomienda de gestión, la delegación de firma y la suplencia no suponen alteración de la titularidad de la competencia, aunque sí de los elementos determinantes de su ejercicio que en cada caso se prevén.

2. d) El ejercicio de la potestad sancionadora.

3. c) Las competencias que se ejercen por delegación pueden ser delegadas.

4. d) En las resoluciones y actos que se firmen por delegación se hará constar la autoridad de procedencia.

5. d) Los conflictos de atribuciones solo podrán suscitarse entre órganos de una misma Administración relacionados jerárquicamente.

6. a) El incumplimiento de las instrucciones u órdenes de servicio supone la invalidez de los actos dictados por los órganos administrativos.

7. b) Si tienen parentesco de consanguinidad o de afinidad dentro del cuarto grado, con cualquiera de los interesados.

8. b) Los órganos jerárquicamente superiores podrán ordenar a las personas en quienes se dé alguna de las circunstancias señaladas en el art. 23 de la LRJSP que se abstengan de toda intervención en el expediente.

9. b) La recusación se planteará por escrito en el que se expresará la causa o causas en que se funda.

10. a) Instrucciones y Órdenes de servicio.

TEST N.º 3

El procedimiento administrativo: Los interesados. La actividad de las Administraciones Públicas

1. Las solicitudes, escritos y comunicaciones que los ciudadanos dirijan a los órganos de las Administraciones Públicas podrán presentarse:

a) En las empresas de mensajería, en la forma que legalmente se establezca.

b) En las representaciones diplomáticas u oficinas consulares de España en el extranjero.

c) En los registros de cualquier órgano administrativo que pertenezca a la Administración General del Estado, a la de cualquier Administración de las Comunidades Autónomas, o a la de alguna de las Entidades que integran la Administración Local hubiese o no suscrito Convenio.

d) Todas las respuestas son correctas.

2. A partir de cuándo se contarán los plazos expresados en días:

a) Desde el siguiente a aquel en que se produzca la estimación o la desestimación por silencio administrativo.

b) A partir del día siguiente a aquel en que tenga lugar la notificación o publicación del acto de que se trate.

c) Desde el mismo día en que tenga lugar la notificación o publicación del acto de que se trate.

d) Las respuestas a) y b) son correctas.

3. Señala la respuesta incorrecta respecto al cómputo de plazos:

a) Cuando los plazos se hayan señalado por días naturales por declararlo así una ley o por el Derecho de la Unión Europea, se hará constar esta circunstancia en las correspondientes notificaciones.

b) Cuando el último día del plazo sea inhábil, se entenderá prorrogado al primer día hábil siguiente.

c) Cuando un día fuese hábil en el municipio o Comunidad Autónoma en que residiese el interesado, e inhábil en la sede del órgano administrativo, o a la inversa, se considerará hábil en todo caso.

d) Salvo que por Ley o en el Derecho de la Unión Europea se disponga otro cómputo, cuando los plazos se señalen por horas, se entiende que estas son hábiles.

4. El registro electrónico permitirá la presentación de documentos:

a) De lunes a viernes de 8 a 20 horas.
b) De lunes a viernes las veinticuatro horas.
c) Todos los días del año de 8 a 22 horas.
d) Todos los días del año durante las veinticuatro horas.

5. En cuál de los siguientes casos se podrá aplicar la ampliación de los plazos por el tiempo máximo permitido:

a) En los procedimientos tramitados por las misiones diplomáticas y oficinas consulares.
b) En los procedimientos que exijan cumplimentar algún trámite en el extranjero.
c) En los procedimientos en los que intervengan interesados residentes fuera de España.
d) Todas las respuestas son correctas.

6. Qué recurso cabe contra el acuerdo que declare la aplicación de la tramitación de urgencia al procedimiento:

a) Ninguno.
b) Recurso de alzada.
c) Recurso extraordinario de revisión.
d) Recurso de reposición.

7. En qué caso no se puede acordar la aplicación al procedimiento de la tramitación de urgencia, por la cual se reducen a la mitad los plazos establecidos para el procedimiento ordinario:

a) En la presentación de recursos.
b) En la presentación de solicitudes.
c) Las respuestas a) y b) son correctas.
d) En todos los casos, cuando haya un interés público, se pueden reducir los plazos a la mitad.

8. Señala cuál de los siguientes es un procedimiento especial:

a) El procedimiento sancionador.
b) El procedimiento sobre la responsabilidad patrimonial de las Administraciones Públicas.

c) El procedimiento sobre la iniciativa legislativa y la potestad para dictar reglamentos y otras disposiciones.

d) Todas las respuestas son correctas.

9. Salvo que por Ley o en el Derecho de la Unión Europea se disponga otro cómputo, cuando los plazos se señalen por horas:

a) Se entiende que estas son naturales.

b) Se entiende que son hábiles.

c) No cabe el caso de que los plazos se señalen por horas, sino únicamente por días.

d) Ninguna es correcta.

10. Los plazos expresados en horas:

a) No podrán tener una duración superior a veinticuatro horas.

b) No podrán tener una duración superior a doce horas.

c) Tendrá que establecer un máximo de 48 horas.

d) Tendrán una duración mínima de 6 horas.

11. Si el plazo se fija en meses o años, no es correcto:

a) Estos se computarán a partir del día siguiente a aquel en que tenga lugar la notificación o publicación del acto de que se trate.

b) Estos se computarán desde el siguiente a aquel en que se produzca la estimación o desestimación por silencio administrativo.

c) Estos se computarán desde el mismo día en que se produzca la estimación o desestimación por silencio administrativo.

d) Todas son correctas.

12. ¿Qué ocurre si en el mes de vencimiento no hubiera día equivalente a aquel en que comienza el cómputo?

a) Se entenderá que el plazo expira el último día del mes.

b) Se entenderá prorrogado al primer día natural siguiente.

c) Se entenderá que el plazo expira el día 30 del mes.

d) Ninguna es correcta.

13. ¿Qué ocurre si el último día del plazo es inhábil?

a) Se entenderá prorrogado al primer día siguiente, sea hábil o natural.

b) Se entenderá prorrogado al primer día hábil siguiente.

c) Se busca nueva fecha a instancia del interesado.

d) Ninguna es correcta.

14. Cuando un día fuese hábil en el municipio o Comunidad Autónoma en que residiese el interesado, e inhábil en la sede del órgano administrativo, o a la inversa:

a) Se considera hábil en todo caso.
b) Se considera inhábil en todo caso.
c) Se procurará buscar fecha para que coincidan ambos días como hábiles.
d) Ninguna es correcta.

15. ¿Cuándo se pueden presentar documentos?

a) De lunes a viernes en horario de oficina.
b) Todos los días del año excepto 25 de diciembre, 1 de enero y 1 de mayo.
c) Todos los días del año durante las 24 horas.
d) De lunes a sábado de 8.00h a 15.00 h.

16. La presentación de un documento en día inhábil:

a) Se entenderá realizada a lo largo del día del primer día hábil siguiente.
b) Siempre se permite la recepción del documento en día inhábil.
c) Se entenderá realizada en la primera hora del primer día hábil siguiente salvo que una norma permita expresamente la recepción en día inhábil.
d) Ninguna es correcta.

17. ¿Puede en algún caso la Administración ampliar los plazos establecidos?

a) No, en ningún caso.
b) Sí, siempre que no exceda de la mitad de los mismos y las circunstancias lo aconsejan y con ello no se perjudican derechos de tercero.
c) Sí, no siendo necesario ser notificado a los interesados.
d) Sí, solo de oficio.

18. La ampliación de los plazos por el tiempo máximo permitido se aplicará en todo caso:

a) A los procedimientos tramitados por las misiones diplomáticas y oficinas consulares.
b) A los procedimientos que, sustanciándose en el interior, exijan cumplimentar algún trámite en el extranjero.
c) A los procedimientos en los que intervengan interesados residentes fuera de España.
d) Todas son correctas.

19. Señala la respuesta correcta:

a) Un plazo ya vencido puede ser objeto de ampliación.
b) Tanto la petición de los interesados como la decisión sobre la ampliación deberán producirse, en todo caso, después del vencimiento del plazo de que se trate.

c) Los acuerdos sobre ampliación de plazos o sobre su denegación serán susceptibles de recurso.

d) Ninguna es correcta.

20. En caso de urgencia:

a) Se reducirán a la mitad los plazos establecidos para el procedimiento ordinario incluidos los relativos a la presentación de solicitudes y recursos.

b) Se podrá acordar la reducción de plazos únicamente a petición del interesado.

c) Se reducirán a la mitad los plazos establecidos para el procedimiento ordinario, salvo los relativos a la presentación de solicitudes y recursos.

d) Ninguna es correcta.

21. Cuando las normas reguladoras de los procedimientos no fijen plazo máximo para recibir la notificación, este será de:

a) Dos meses.
b) Tres meses.
c) Seis meses.
d) Cinco meses.

22. El plazo máximo en el que debe notificarse la resolución expresa será el fijado por la norma reguladora del correspondiente procedimiento. Este plazo no podrá exceder de:

a) Tres meses salvo que una norma con rango de Ley establezca uno mayor o así venga previsto en la normativa comunitaria europea.

b) Dos meses salvo que una norma con rango de Ley establezca uno mayor o así venga previsto en la normativa comunitaria europea.

c) Cinco meses salvo que una norma con rango de Ley establezca uno mayor o así venga previsto en la normativa comunitaria europea.

d) Seis meses salvo que una norma con rango de Ley establezca uno mayor o así venga previsto en la normativa comunitaria europea.

23. ¿Cómo se denomina al administrado que se encuentra respecto de la Administración en un estado de sujeción especial, es decir, especialmente vinculado a ella?

a) Administrado cualificado.
b) Administrado especial.
c) Administrado único.
d) Administrado activo.

24. ¿Cómo se denomina al administrado que se encuentra respecto de la Administración en un estado de sujeción general y que es tratado por la norma de una forma impersonal, siendo esta la posición normal?

a) Administrado general.
b) Administrado común.

c) Administrado simple.

d) Administrado pasivo.

25. ¿Cuál de las siguientes no es una característica de la relación jurídico-administrativa?

a) La Administración actúa normalmente como parte activa de la relación, es decir, ejercita en ella las potestades y prerrogativas que el ordenamiento jurídico le reconoce para el cumplimiento de sus fines.

b) La Administración ha de intervenir en tal relación como tal, y no como persona de Derecho Privado.

c) Esta relación está regulada por el Derecho Administrativo y el Derecho Civil.

d) Presencia en ella de la Administración, como sujeto de la relación, normalmente en el lado activo de la misma, junto al Administrado, que suele situarse en el lado pasivo.

26. Señala uno de los derechos que la Ley 39/2015, de 1 de octubre, del Procedimiento Administrativo Común de las Administraciones Públicas, reconoce a quienes tengan capacidad de obrar ante las Administraciones Públicas:

a) A la obtención y utilización de los medios de identificación y firma electrónica contemplados en la Ley 39/2015, de 1 de octubre.

b) A la protección de datos de carácter personal, y en particular a la seguridad y confidencialidad de los datos que figuren en los ficheros, sistemas y aplicaciones de las Administraciones Públicas.

c) A ser asistidos en el uso de medios electrónicos en sus relaciones con las Administraciones Públicas.

d) Todas las respuestas son correctas.

27. La solicitud de copias auténticas de los documentos públicos administrativos que hayan sido válidamente emitidos por las Administraciones Públicas se dirigirá al órgano que emitió el documento original, debiendo expedirse, salvo las excepciones derivadas de la aplicación de la Ley 19/2013, de 9 de diciembre, en el plazo de:

a) Un mes a contar desde la recepción de la solicitud en el registro electrónico de la Administración u Organismo competente.

b) Veinte días a contar desde la recepción de la solicitud en el registro electrónico de la Administración u Organismo competente.

c) Quince días a contar desde la recepción de la solicitud en el registro electrónico de la Administración u Organismo competente.

d) Diez días a contar desde la recepción de la solicitud en el registro electrónico de la Administración u Organismo competente.

28. La falta o insuficiente acreditación de la representación no impedirá que se tenga por realizado el acto de que se trate, siempre que se aporte aquella o se subsane el defecto dentro del plazo que deberá conceder al efecto el órgano administrativo, de:

a) Un mes, o de un plazo superior cuando las circunstancias del caso así lo requieran.
b) Veinte días, o de un plazo superior cuando las circunstancias del caso así lo requieran.
c) Quince días, o de un plazo superior cuando las circunstancias del caso así lo requieran.
d) Diez días, o de un plazo superior cuando las circunstancias del caso así lo requieran.

29. Los poderes inscritos en el registro electrónico de apoderamiento tendrán una validez determinada máxima de:

a) Diez años a contar desde la fecha de inscripción.
b) Cinco años a contar desde la fecha de inscripción.
c) Tres años a contar desde la fecha de inscripción.
d) Dos años a contar desde la fecha de inscripción.

30. Señala la respuesta incorrecta respecto a los interesados:

a) Se consideran interesados en el procedimiento administrativo los que, sin haber iniciado el procedimiento, tengan derechos que puedan resultar afectados por la decisión que en el mismo se adopte.
b) Cuando en una solicitud, escrito o comunicación figuren varios interesados, las actuaciones a que den lugar se efectuarán con el representante o el interesado que expresamente hayan señalado, y, en su defecto, con cualquiera de los demás.
c) Cuando la condición de interesado derivase de alguna relación jurídica transmisible, el derecho-habiente sucederá en tal condición cualquiera que sea el estado del procedimiento.
d) La presentación de una denuncia y la comparecencia en el trámite de información pública, respectivamente, no confieren u otorgan, por sí solas, la condición de interesado en el procedimiento.

Solución al test n.º 3

1. b) En las representaciones diplomáticas u oficinas consulares de España en el extranjero.

2. d) Las respuestas a) y b) son correctas.

3. c) Cuando un día fuese hábil en el municipio o Comunidad Autónoma en que residiese el interesado, e inhábil en la sede del órgano administrativo, o a la inversa, se considerará hábil en todo caso.

4. d) Todos los días del año durante las veinticuatro horas.

5. d) Todas las respuestas son correctas.

6. a) Ninguno.

7. c) Las respuestas a) y b) son correctas.

8. d) Todas las respuestas son correctas.

9. b) Se entiende que son hábiles.

10. a) No podrán tener una duración superior a veinticuatro horas.

11. c) Estos se computarán desde el mismo día en que se produzca la estimación o desestimación por silencio administrativo.

12. a) Se entenderá que el plazo expira el último día del mes.

13. b) Se entenderá prorrogado al primer día hábil siguiente.

14. b) Se considera inhábil en todo caso.

15. c) Todos los días del año durante las 24 horas.

16. c) Se entenderá realizada en la primera hora del primer día hábil siguiente salvo que una norma permita expresamente la recepción en día inhábil.

17. b) Sí, siempre que no exceda de la mitad de los mismos y las circunstancias lo aconsejan y con ello no se perjudican derechos de tercero.

18. d) Todas son correctas.

19. d) Ninguna es correcta.

20. c) Se reducirán a la mitad los plazos establecidos para el procedimiento ordinario, salvo los relativos a la presentación de solicitudes y recursos.

21. b) Tres meses.

22. d) Seis meses salvo que una norma con rango de Ley establezca uno mayor o así venga previsto en la normativa comunitaria europea.

23. a) Administrado cualificado.

24. c) Administrado simple.

25. c) Esta relación está regulada por el Derecho Administrativo y el Derecho Civil.

26. d) Todas las respuestas son correctas.

27. c) Quince días a contar desde la recepción de la solicitud en el registro electrónico de la Administración u Organismo competente.

28. d) Diez días, o de un plazo superior cuando las circunstancias del caso así lo requieran.

29. b) Cinco años a contar desde la fecha de inscripción.

30. b) Cuando en una solicitud, escrito o comunicación figuren varios interesados, las actuaciones a que den lugar se efectuarán con el representante o el interesado que expresamente hayan señalado, y, en su defecto, con cualquiera de los demás.

TEST N.º 4

Los actos administrativos: Requisitos, eficacia, nulidad y anulabilidad

1. El contenido eventual del acto supone:

a) Que este puede estar condicionado.
b) Que se presume en todos los actos del mismo tipo.
c) Que es connatural con el acto de que se trate.
d) Su carácter reglado.

2. Cuando algo necesariamente forma parte de un acto administrativo, hablamos de contenido:

a) Natural.
b) Legal.
c) Eventual.
d) Implícito.

3. La regla general cuando un acto infringe el ordenamiento jurídico es:

a) Su anulabilidad.
b) Su validez temporal.
c) Su nulidad relativa.
d) Las respuestas a) y c) son correctas.

4. Las resoluciones administrativas que vulneren lo establecido en una disposición reglamentaria son:

a) Nulas.
b) Válidas.
c) Anulables.
d) Temporalmente válidas.

5. Las cláusulas accesorias de un acto administrativo forman parte del contenido:

a) Natural del acto.
b) Implícito del mismo.

c) Legal del acto.
d) Eventual del acto.

6. Un acto complejo es aquel:

a) En el que intervienen, sucesivamente, en virtud de la tutela administrativa, dos órganos administrativos.
b) Que se adopta por un órgano colegiado.
c) En cuyo proceso de elaboración se ha evacuado el dictamen de un órgano consultivo.
d) En cuya emisión de voluntad han de intervenir, como mínimo, dos órganos administrativos.

7. Los efectos de una declaración de nulidad absoluta se producen desde:

a) Que se notifica el acto anulatorio.
b) El momento de la declaración de la nulidad.
c) La notificación o publicación del acto anulatorio, según los casos.
d) Que se dictó el acto anulado.

8. Según dispone el art. 41 LPACAP, las notificaciones se practicarán preferentemente:

a) Por la vía postal.
b) Telefónicamente.
c) Por medios electrónicos.
d) Por el medio más rápido y económico para la Administración.

9. Según provengan de un solo órgano administrativo o de dos o más órganos administrativos, los actos administrativos se clasifican en:

a) Actos únicos y actos múltiples.
b) Actos de trámite y actos complejos.
c) Actos simples y complejos.
d) Actos básicos y actos complejos.

10. El procedimiento, que es la vía a través de la cual se elabora la declaración de voluntad, deseo, conocimiento o juicio de la Administración, en que consiste el acto, es un elemento del acto administrativo de tipo:

a) Objetivo.
b) Subjetivo.
c) Formal.
d) Accidental.

11. ¿Cuándo podrá la Administración Pública convalidar un acto administrativo?

a) Cuando el vicio consiste en incompetencia jerárquica.
b) Cuando el vicio consiste en incompetencia funcional.

c) Cuando el vicio consiste en incompetencia territorial.
d) En ninguno de los anteriores casos.

12. Serán motivados, con sucinta referencia de hechos y fundamentos de derecho:

a) Los actos que se separen del criterio seguido en actuaciones precedentes o del dictamen de órganos consultivos.
b) Los actos que limiten derechos subjetivos o intereses legítimos.
c) Los actos que resuelvan procedimientos de revisión de oficio de disposiciones o actos administrativos, recursos administrativos y procedimientos de arbitraje y los que declaren su inadmisión.
d) Todas las respuestas son correctas.

13. Para que la Administración Pública pueda imponer multas coercitivas contra un ciudadano en vía de ejecución forzosa de los actos administrativos:

a) Debe existir una norma que se lo permita.
b) Lo puede hacer en cualquier caso.
c) Basta con un reglamento que se lo permita.
d) Debe haber una previsión legal expresa al efecto.

14. Cuando la Administración Pública actúa como persona de Derecho Privado:

a) Solo puede ser controlada por los Tribunales contencioso-administrativos.
b) No dicta actos administrativos.
c) Su actividad es puramente discrecional.
d) Puede actuar sin límite alguno, como cualquier particular.

15. El contenido de un acto administrativo ha de ser:

a) Ilícito y determinado.
b) Posible y lícito.
c) Determinado o determinable e ilícito.
d) Imposible y lícito.

16. Las cláusulas accesorias de un acto administrativo forman parte del contenido:

a) Natural del acto.
b) Implícito del mismo.
c) Legal del acto.
d) Eventual del acto.

17. ¿En qué supuestos la notificación se hará por medio de un anuncio publicado en el Boletín Oficial del Estado?

a) Cuando se ignore el lugar de la notificación.
b) Cuando los interesados en un procedimiento sean conocidos.

c) Cuando intentada la notificación, no se hubiera podido practicar.
d) Las respuestas a) y c) son correctas.

18. Para que un acto tenga eficacia retroactiva es necesario que:

a) Limite derechos de los particulares.
b) Restrinja el ejercicio de facultades de los particulares.
c) Imponga deberes u obligaciones.
d) No se lesionen derechos de otras personas.

19. La presunción de legitimidad de los actos administrativos:

a) No admite prueba en contrario.
b) Dependerá de lo que el propio acto establezca.
c) Puede ser objeto de impugnación por el particular.
d) Solo se da cuando la ley expresamente lo diga.

20. Cuando la notificación se practique en el domicilio del interesado, de no hallarse presente, podrá hacerse cargo de la misma cualquier persona que se encuentre en el domicilio, haga constar su identidad y sea:

a) Mayor de catorce años.
b) Mayor de dieciséis años.
c) Mayor de dieciocho años.
d) Mayor de veintiún años.

21. Señala la respuesta incorrecta. Los actos administrativos serán objeto de publicación:

a) Cuando así lo establezcan las normas reguladoras de cada procedimiento.
b) Cuando lo aconsejen razones de interés público apreciadas por el órgano competente.
c) Cuando el acto tenga por destinatario a una pluralidad indeterminada de personas.
d) Siempre.

22. La notificación de un acto administrativo:

a) Suspende su eficacia hasta que se efectúe tratándose de actos generales.
b) No impide su ejecutividad una vez efectuada.
c) Suspende su eficacia una vez realizada.
d) Ha de hacerse con todo tipo de actos.

23. Cuando la notificación por medios electrónicos sea de carácter obligatorio, o haya sido expresamente elegida por el interesado, se entenderá rechazada cuando hayan transcurrido:

a) Diez días naturales desde la puesta a disposición de la notificación sin que se acceda a su contenido.
b) Siete días naturales desde la puesta a disposición de la notificación sin que se acceda a su contenido.

c) Cinco días naturales desde la puesta a disposición de la notificación sin que se acceda a su contenido.

d) Tres días naturales desde la puesta a disposición de la notificación sin que se acceda a su contenido.

24. La cesación definitiva del acto se producirá por:

a) El total cumplimiento del propio acto.

b) El transcurso del plazo en él mismo señalado, si estaba limitado en el tiempo.

c) El cumplimiento de la condición resolutoria a que pudiera estar sujeto.

d) Todas las respuestas son correctas.

25. Según se manifiesten los actos formalmente, por escrito generalmente, o surjan al exterior en virtud del mecanismo del silencio administrativo, que puede ser positivo o negativo, los actos administrativos se clasifican en:

a) Actos singulares y generales.

b) Actos expresos y presuntos.

c) Actos reglados y discrecionales.

d) Actos definitivos y actos de trámite.

26. Los actos de las Administraciones Públicas sujetos al Derecho Administrativo serán inmediatamente ejecutivos, salvo que:

a) Se necesite aprobación o autorización superior.

b) Una disposición establezca lo contrario.

c) Se produzca la suspensión de la ejecución del acto.

d) Todas las respuestas son correctas.

Solución al test n.º 4

1. a) Que este puede estar condicionado.

2. a) Natural.

3. d) Las respuestas a) y c) son correctas.

4. a) Nulas.

5. d) Eventual del acto.

6. d) En cuya emisión de voluntad han de intervenir, como mínimo, dos órganos administrativos.

7. d) Que se dictó el acto anulado.

8. c) Por medios electrónicos.

9. c) Actos simples y complejos.

10. c) Formal.

11. a) Cuando el vicio consiste en incompetencia jerárquica.

12. d) Todas las respuestas son correctas.

13. d) Debe haber una previsión legal expresa al efecto.

14. b) No dicta actos administrativos.

15. b) Posible y lícito.

16. d) Eventual del acto.

17. d) Las respuestas a) y c) son correctas.

18. d) No se lesionen derechos de otras personas.

19. c) Puede ser objeto de impugnación por el particular.

20. a) Mayor de catorce años.

21. d) Siempre.

22. b) No impide su ejecutividad una vez efectuada.

23. a) Diez días naturales desde la puesta a disposición de la notificación sin que se acceda a su contenido.

24. d) Todas las respuestas son correctas.

25. b) Actos expresos y presuntos.

26. d) Todas las respuestas son correctas.

TEST N.º 5

**Disposiciones sobre el procedimiento administrativo:
Garantías, Iniciación, Ordenación, Instrucción,
Finalización, Tramitación simplificada, Ejecución**

1. Salvo en el caso de que en la norma correspondiente se fije plazo distinto, los trámites que deban ser cumplimentados por los interesados deberán realizarse:

a) En el plazo de un mes a partir del siguiente al de la notificación del correspondiente acto.
b) En el plazo de veinte días a partir del siguiente al de la notificación del correspondiente acto.
c) En el plazo de quince días a partir del siguiente al de la notificación del correspondiente acto.
d) En el plazo de diez días a partir del siguiente al de la notificación del correspondiente acto.

2. ¿Qué recurso cabe contra el acuerdo de acumulación?

a) Ninguno.
b) Recurso de alzada.
c) Recurso de reposición.
d) Recurso extraordinario de revisión.

3. ¿En qué supuesto excepcional se podrá imponer una sanción sin que se haya tramitado el oportuno procedimiento?

a) En casos de urgencia.
b) En aquellos supuestos donde no dé lugar a dudas la imposición de la sanción.
c) Únicamente en aquellos supuestos donde una norma con rango de ley así lo determine.
d) En ningún caso.

4. ¿Cuándo podrán los administrados conocer el estado de la tramitación de los procedimientos en los que tengan la condición de interesados?

a) Solo en la fase de instrucción.
b) Únicamente en la fase de alegaciones.

c) Tan solo en la fase de prueba.
d) En cualquier momento.

5. ¿Cuándo se iniciarán de oficio los procedimientos?

a) Por denuncia.
b) Por acuerdo del órgano competente.
c) Por propia iniciativa.
d) Todas las respuestas son correctas.

6. Señala la respuesta incorrecta respecto al inicio del procedimiento por denuncia:

a) Las denuncias deberán expresar la identidad de la persona o personas que las presentan y el relato de los hechos que se ponen en conocimiento de la Administración.
b) La presentación de una denuncia confiere, por sí sola, la condición de interesado en el procedimiento.
c) Cuando la denuncia invocara un perjuicio en el patrimonio de las Administraciones Públicas la no iniciación del procedimiento deberá ser motivada y se notificará a los denunciantes la decisión de si se ha iniciado o no el procedimiento.
d) Se entiende por denuncia el acto por el que cualquier persona, en cumplimiento o no de una obligación legal, pone en conocimiento de un órgano administrativo la existencia de un determinado hecho que pudiera justificar la iniciación de oficio de un procedimiento administrativo.

7. ¿Cuál de los siguientes datos no es necesario que figure en las solicitudes de iniciación del procedimiento por parte de los interesados?

a) Número de teléfono.
b) Hechos, razones y petición en que se concrete, con toda claridad, la solicitud.
c) Órgano, centro o unidad administrativa a la que se dirige y su correspondiente código de identificación.
d) Firma del solicitante o acreditación de la autenticidad de su voluntad expresada por cualquier medio.

8. Los interesados solo podrán solicitar el inicio de un procedimiento de responsabilidad patrimonial, cuando no haya prescrito su derecho a reclamar. El derecho a reclamar prescribirá:

a) Al año de producido el hecho o el acto que motive la indemnización o se manifieste su efecto lesivo.
b) A los dos años de producido el hecho o el acto que motive la indemnización o se manifieste su efecto lesivo.
c) A los cinco años de producido el hecho o el acto que motive la indemnización o se manifieste su efecto lesivo.
d) Este derecho no prescribe.

9. ¿De acuerdo con qué principio se acordarán en un solo acto todos los trámites que, por su naturaleza, admitan un impulso simultáneo y no sea obligado su cumplimiento sucesivo?

a) Con el principio de oficialidad.
b) Con el principio de eficacia.
c) Con el principio de simplificación administrativa.
d) Con el principio de eficacia.

10. En cualquier momento del procedimiento, cuando la Administración considere que alguno de los actos de los interesados no reúne los requisitos necesarios, lo pondrá en conocimiento de su autor, concediéndole un plazo para cumplimentarlo:

a) De cinco días.
b) De siete días.
c) De diez días.
d) De veinte días.

11. Con arreglo al artículo 74 LPACAP, las cuestiones incidentales que se susciten en el procedimiento, incluso las que se refieran a la nulidad de actuaciones:

a) Suspenderán la tramitación del procedimiento.
b) No suspenderán la tramitación del procedimiento, salvo la recusación.
c) No suspenderán la tramitación del procedimiento en ningún caso.
d) Siempre que lo estime oportuno el instructor del procedimiento, y así lo motive suficientemente, suspenderá la tramitación del procedimiento.

12. Cuando la Administración no tenga por ciertos los hechos alegados por los interesados o la naturaleza del procedimiento lo exija, el instructor del mismo acordará la apertura de un período de prueba, a fin de que puedan practicarse cuantas juzgue pertinentes, por un plazo:

a) No superior a veinte días ni inferior a diez.
b) No superior a treinta días ni inferior a diez.
c) No superior a treinta días ni inferior a quince.
d) No superior a veinte días ni inferior a siete.

13. Señala la respuesta incorrecta respecto a los informes:

a) En la petición de informe se concretará el extremo o extremos acerca de los que se solicita.
b) El informe emitido fuera de plazo podrá no ser tenido en cuenta al adoptar la correspondiente resolución.
c) Salvo disposición expresa en contrario, los informes serán facultativos y vinculantes.
d) Si el informe debiera ser emitido por una Administración Pública distinta de la que tramita el procedimiento en orden a expresar el punto de vista correspondiente a sus competencias respectivas, y transcurriera el plazo legalmente previsto sin que aquel se hubiera emitido, se podrán proseguir las actuaciones.

14. En el caso de los procedimientos de responsabilidad patrimonial será preceptivo solicitar informe al servicio cuyo funcionamiento haya ocasionado la presunta lesión indemnizable, no pudiendo exceder el plazo de su emisión de:

a) Diez días.
b) Siete días.
c) Cinco días.
d) Dos días.

15. Según dispone el art. 82.2 de la LPACAP, los interesados podrán alegar y presentar los documentos y justificaciones que estimen pertinentes, en un plazo:

a) No inferior a veinte días ni superior a un mes.
b) No inferior a quince días ni superior a un mes.
c) No inferior a siete días ni superior a quince.
d) No inferior a diez días ni superior a quince.

16. El art. 83 de la LPACAP dispone respecto de la información pública que el anuncio señalará el lugar de exhibición, debiendo estar en todo caso a disposición de las personas que lo soliciten a través de medios electrónicos en la sede electrónica correspondiente, y determinará el plazo para formular alegaciones, que en ningún caso podrá ser inferior a:

a) Un mes.
b) Veinte días.
c) Quince días.
d) Diez días.

17. Conforme al art. 84 LPACAP, pondrán fin al procedimiento:

a) La resolución.
b) La declaración de caducidad.
c) El desistimiento.
d) Todas las respuestas son correctas.

18. Señala cuál de las siguientes es la forma normal de terminación del procedimiento:

a) El desistimiento.
b) La resolución.
c) El silencio administrativo.
d) La declaración de caducidad.

19. Señala cuál de las siguientes es una forma presunta de terminación del procedimiento:

a) La terminación convencional.
b) El silencio administrativo.

c) La renuncia al derecho en que se funde la solicitud.
d) La resolución.

20. Señala la respuesta incorrecta respecto al desistimiento y renuncia por los interesados:

a) Todo interesado podrá desistir de su solicitud o, cuando ello no esté prohibido por el ordenamiento jurídico, renunciar a sus derechos.

b) Si la cuestión suscitada por la incoación del procedimiento entrañase interés general o fuera conveniente sustanciarla para su definición y esclarecimiento, la Administración podrá limitar los efectos del desistimiento o la renuncia al interesado y seguirá el procedimiento.

c) Si el escrito de iniciación se hubiera formulado por dos o más interesados, el desistimiento o la renuncia afectará a todos ellos.

d) Tanto el desistimiento como la renuncia podrán hacerse por cualquier medio que permita su constancia, siempre que incorpore las firmas que correspondan de acuerdo con lo previsto en la normativa aplicable.

21. La Administración aceptará de plano el desistimiento o la renuncia, y declarará concluso el procedimiento salvo que, habiéndose personado en el mismo terceros interesados, instasen estos su continuación en el plazo de:

a) Un mes desde que fueron notificados del desistimiento o renuncia.
b) Veinte días desde que fueron notificados del desistimiento o renuncia.
c) Diez días desde que fueron notificados del desistimiento o renuncia.
d) Siete días desde que fueron notificados del desistimiento o renuncia.

22. En los procedimientos iniciados a solicitud del interesado, cuando se produzca su paralización por causa imputable al mismo, la Administración le advertirá que se producirá la caducidad del procedimiento transcurridos:

a) Tres meses.
b) Un mes.
c) Veinte días.
d) Quince días.

23. Salvo que reste menos para su tramitación ordinaria, los procedimientos administrativos tramitados de manera simplificada deberán ser resueltos en:

a) Treinta días, a contar desde el siguiente al que se notifique al interesado el acuerdo de tramitación simplificada del procedimiento.

b) Veinte días, a contar desde el siguiente al que se notifique al interesado el acuerdo de tramitación simplificada del procedimiento.

c) Quince días, a contar desde el siguiente al que se notifique al interesado el acuerdo de tramitación simplificada del procedimiento.

d) Diez días, a contar desde el siguiente al que se notifique al interesado el acuerdo de tramitación simplificada del procedimiento.

24. Cuál es el medio utilizado por la Administración para el cobro de las cantidades líquidas adeudadas a la misma que voluntariamente no han sido abonadas por los obligados a ello:

a) El apremio sobre el patrimonio.
b) La ejecución subsidiaria.
c) La multa coercitiva.
d) La compulsión sobre las personas.

25. Respecto a los medios de ejecución forzosa, si fuese necesario entrar en el domicilio del afectado o en los restantes lugares que requieran la autorización de su titular, las Administraciones Públicas deberán obtener el consentimiento del mismo o, en su defecto:

a) La oportuna autorización judicial.
b) La oportuna autorización policial.
c) La oportuna autorización del Ministerio Fiscal.
d) Ninguna respuesta es correcta.

26. Cuál es el medio de ejecución forzosa que suele utilizarse cuando la Administración conmina a un administrado a realizar una conducta, que puede hacerse por cualquier otro y no necesaria ni personalmente por el interesado y el obligado a ello no lo hace, en cuyo caso la Administración, bien a través de sus propios obreros, bien contratando esta obra con un tercero, la realiza, girándole, acto seguido (salvo que lo haya hecho cautelarmente), la liquidación del importe de la misma al obligado, y, si no lo abona, ejerciendo la vía de apremio para percibirlo:

a) La ejecución subsidiaria.
b) La compulsión sobre las personas.
c) El apremio sobre el patrimonio.
d) La multa coercitiva.

27. Los interesados podrán solicitar la tramitación simplificada del procedimiento. Si el órgano competente para la tramitación aprecia que no concurre alguna de las razones previstas legalmente, podrá desestimar dicha solicitud, en el plazo de:

a) Quince días desde su presentación.
b) Diez días desde su presentación.
c) Siete días desde su presentación.
d) Cinco días desde su presentación.

28. El art. 87 LPACAP señala que, antes de dictar resolución, el órgano competente para resolver podrá decidir, mediante acuerdo motivado, la realización de las actuaciones complementarias indispensables para resolver el procedimiento. El

acuerdo de realización de actuaciones complementarias se notificará a los intere-sados, concediéndoseles un plazo, para formular las alegaciones que tengan por pertinentes tras la finalización de las mismas, de:

a) Quince días.
b) Diez días.
c) Siete días.
d) Cinco días.

29. A tenor de la LPACAP, las actuaciones complementarias deberán practicarse en un plazo no superior a:

a) Quince días.
b) Diez días.
c) Siete días.
d) Cinco días.

30. Señala el art. 71 LPACAP que el procedimiento, sometido al principio de ce-leridad, se impulsará de oficio en todos sus trámites y a través de medios electróni-cos, respetando los principios de:

a) Publicidad e igualdad.
b) Eficacia y oportunidad.
c) Transparencia y publicidad.
d) Igualdad y legalidad.

Solución al test n.º 5

1. d) En el plazo de diez días a partir del siguiente al de la notificación del correspondiente acto.

2. a) Ninguno.

3. d) En ningún caso.

4. d) En cualquier momento.

5. d) Todas las respuestas son correctas.

6. b) La presentación de una denuncia confiere, por sí sola, la condición de interesado en el procedimiento.

7. a) Número de teléfono.

8. a) Al año de producido el hecho o el acto que motive la indemnización o se manifieste su efecto lesivo.

9. c) Con el principio de simplificación administrativa.

10. c) De diez días.

11. b) No suspenderán la tramitación del procedimiento, salvo la recusación.

12. b) No superior a treinta días ni inferior a diez.

13. c) Salvo disposición expresa en contrario, los informes serán facultativos y vinculantes.

14. a) Diez días.

15. d) No inferior a diez días ni superior a quince.

16. b) Veinte días.

17. d) Todas las respuestas son correctas.

18. b) La resolución.

19. b) El silencio administrativo.

20. c) Si el escrito de iniciación se hubiera formulado por dos o más interesados, el desistimiento o la renuncia afectará a todos ellos.

21. c) Diez días desde que fueron notificados del desistimiento o renuncia.

22. a) Tres meses.

23. a) Treinta días, a contar desde el siguiente al que se notifique al interesado el acuerdo de tramitación simplificada del procedimiento.

24. a) El apremio sobre el patrimonio.

25. a) La oportuna autorización judicial.

26. a) La ejecución subsidiaria.

27. d) Cinco días desde su presentación.

28. c) Siete días.

29. a) Quince días.

30. c) Transparencia y publicidad.

TEST N.º 6

Revisión de los actos en vía administrativa

1. El recurso de alzada contra actos que no agotan la vía administrativa es:

a) Extraordinario.
b) La regla general.
c) Especial.
d) Inexistente.

2. El plazo máximo para dictar y notificar la resolución de un recurso de reposición será de:

a) 1 mes.
b) 2 meses.
c) 3 meses.
d) 6 meses.

3. El recurso de reposición contra actos que no agotan la vía administrativa es:

a) Ordinario.
b) Extraordinario.
c) Especial.
d) Inexistente.

4. La declaración de lesividad no podrá adoptarse una vez transcurrido/s desde que se dictó el acto administrativo:

a) Un año.
b) Dos años.
c) Tres años.
d) Cuatro años.

5. Para plantear un recurso administrativo:

a) Hay que tener capacidad jurídica, sin requerirse la capacidad de obrar.
b) Basta con la capacidad de obrar.
c) Se requiere, siempre, ser titular de un derecho subjetivo afectado por el acto que se recurre.
d) Puede hacerlo quien ostente la condición de interesado.

6. Para que pueda entablarse un recurso extraordinario de revisión por error de hecho, este:

a) Ha de ser declarado por sentencia judicial firme.
b) Ha de haberse adoptado por cohecho.
c) Ha de derivar de documentos habidos en el expediente.
d) Nada de lo anterior es cierto.

7. La revisión de los actos por los recursos administrativos:

a) Corresponde a la propia Administración Pública.
b) Supone una actuación excepcional por la Administración Pública sobre sus actos firmes.
c) Compete a los órganos jurisdiccionales de lo contencioso-administrativo.
d) Se da solo en supuestos tasados y límites.

8. No es motivo bastante para interponer un recurso de revisión que:

a) Se haya incurrido en manifiesto error de hecho al dictar el acto.
b) Hubiere mediado cohecho en la resolución.
c) Se haya dictado por órgano manifiestamente incompetente.
d) Hayan influido documentos declarados falsos por sentencia judicial firme.

9. Se puede sustituir en determinados supuestos por procedimientos de mediación y arbitraje el:

a) Recurso de alzada.
b) Recurso de revisión.
c) Recurso de reposición.
d) Las respuestas a) y c) son ciertas.

10. El recurso de revisión es:

a) Unitario.
b) Ordinario.
c) Especial.
d) Extraordinario.

11. El recurso de alzada se presentará:

a) Ante el superior jerárquico del órgano que dictó el acto.
b) Ante el Tribunal contencioso competente.
c) Ante el órgano que dictó el acto.
d) Indistintamente, ante el órgano que dictó el acto o el superior jerárquico que deba decidirlo.

12. Como consecuencia del principio de congruencia, al resolver un recurso, la Administración Pública:

a) Podrá agravar la situación inicial del recurrente.
b) Deberá ajustarse a las peticiones del recurrente.
c) Lo desestimará, manteniendo el acto administrativo.
d) Solo decidirá sobre las cuestiones planteadas por el recurrente sin entrar en otras que deriven del procedimiento.

13. La reformatio in peius, en materia de recursos:

a) Se admite como regla general.
b) Solo se permite en materia sancionadora.
c) Se admite cuando el recurso está claramente infundado.
d) Está expresamente prohibida.

14. El silencio administrativo en el recurso de alzada puede ser positivo en el siguiente caso:

a) Cuando el recurso se presentó contra un acto presunto desestimatorio de la solicitud del ciudadano.
b) Cuando perjudique al ciudadano.
c) Siempre que beneficie al interés público.
d) En ningún supuesto es positivo.

15. Cuando una persona interpone un recurso de alzada denominándolo como recurso de revisión:

a) Deberá desestimarse el recurso por improcedente.
b) Deberá notificársele el error para que lo subsane.
c) No se admitirá el recurso.
d) Deberá resolverse, si del propio recurso se deduce su carácter.

16. El recurso extraordinario de revisión por manifiesto error de hecho debe plantearse:

a) A los tres meses desde que se produjo.
b) A los cuatro años desde que se conoció.

c) Dentro de los cuatro años desde la notificación del acto.
d) No puede darse nunca aisladamente.

17. La resolución de un recurso:

a) Debe circunscribirse a lo solicitado por el recurrente.
b) Resolverá cuantas cuestiones se deduzcan del expediente.
c) No es necesario que se motive.
d) Debe aceptar las razones en que se fundamente el propio recurso.

18. La terminación presunta del recurso extraordinario de revisión se dará:

a) A los tres meses de su interposición.
b) Al mes de su interposición.
c) No cabe.
d) Solo en el supuesto de que se base en manifiesto error de derecho.

19. El recurso extraordinario de revisión se interpone contra:

a) Cualquier acto administrativo.
b) Actos que no agotan la vía administrativa.
c) Los actos que agotan la vía administrativa.
d) Los actos firmes exclusivamente.

20. La resolución presunta del recurso de alzada se dará, si no recae resolución, al/a los:

a) Quince días de interponerlo.
b) Mes de su interposición.
c) Tres meses de dictarse el acto.
d) En cualquier momento a partir del día siguiente a aquel en que, de acuerdo con su normativa específica, se produzcan los efectos del silencio administrativo.

21. Si el recurso de alzada se hubiera interpuesto ante el órgano que dictó el acto impugnado, este deberá remitirlo al competente, con su informe y con una copia completa y ordenada del expediente, en el plazo de:

a) Un mes.
b) Veinte días.
c) Quince días.
d) Diez días.

22. Cuál es el plazo máximo para dictar y notificar la resolución del recurso potestativo de reposición:

a) Tres meses.
b) Un mes.

c) Veinte días.
d) Quince días.

23. A tenor del art. 115 LPACAP, la interposición del recurso administrativo deberá expresar:

a) El acto que se recurre y la razón de su impugnación.
b) El nombre y apellidos del recurrente, así como la identificación personal del mismo.
c) El órgano, centro o unidad administrativa al que se dirige y su correspondiente código de identificación.
d) Todas las respuestas son correctas.

24. Señala la respuesta incorrecta respecto al recurso administrativo:

a) La interposición de cualquier recurso suspenderá la ejecución del acto impugnado.
b) La ejecución del acto impugnado se entenderá suspendida si transcurrido un mes desde que la solicitud de suspensión haya tenido entrada en el registro electrónico de la Administración u Organismo competente para decidir sobre la misma, el órgano a quien competa resolver el recurso no ha dictado y notificado resolución expresa al respecto.
c) Cuando el recurso tenga por objeto la impugnación de un acto administrativo que afecte a una pluralidad indeterminada de personas, la suspensión de su eficacia habrá de ser publicada en el periódico oficial en que aquel se insertó.
d) El error o la ausencia de la calificación del recurso por parte del recurrente no será obstáculo para su tramitación, siempre que se deduzca su verdadero carácter.

25. Cuál es el plazo máximo para dictar y notificar la resolución del recurso de alzada:

a) Seis meses.
b) Tres meses.
c) Un mes.
d) Veinte días.

26. Transcurrido qué plazo desde la interposición del recurso extraordinario de revisión sin haberse dictado y notificado la resolución, se entenderá desestimado, quedando expedita la vía jurisdiccional contencioso-administrativa:

a) Tres meses.
b) Dos meses.
c) Un mes.
d) Veinte días.

27. Transcurrido qué plazo desde la iniciación del procedimiento sin que se hubiera declarado la lesividad, se producirá la caducidad del mismo:

a) Seis meses.
b) Cinco meses.

c) Tres meses.
d) Un mes.

28. Qué recurso cabe en vía administrativa contra las disposiciones administrativas de carácter general:

a) De alzada.
b) Potestativo de reposición.
c) Extraordinario de revisión.
d) Ninguno.

29. Cuando hayan de tenerse en cuenta nuevos hechos o documentos no recogidos en el expediente originario, se pondrán de manifiesto a los interesados para que formulen las alegaciones y presenten los documentos y justificantes que estimen procedentes en un plazo:

a) No inferior a siete días ni superior a veinte.
b) No inferior a diez días ni superior a quince.
c) No inferior a diez días ni superior a veinte.
d) No inferior a quince días ni superior a un mes.

30. A tenor del art. 114.1 LPACAP ponen fin a la vía administrativa:

a) Los acuerdos, pactos, convenios o contratos que tengan la consideración de finalizadores del procedimiento.
b) Las resoluciones de los recursos de alzada.
c) Las resoluciones de los órganos administrativos que carezcan de superior jerárquico, salvo que una ley establezca lo contrario.
d) Todas las respuestas son correctas.

Solución al test n.º 6

1. b) La regla general.

2. a) 1 mes.

3. d) Inexistente.

4. d) Cuatro años.

5. d) Puede hacerlo quien ostente la condición de interesado.

6. c) Ha de derivar de documentos habidos en el expediente.

7. a) Corresponde a la propia Administración Pública.

8. c) Se haya dictado por órgano manifiestamente incompetente.

9. d) Las respuestas a) y c) son ciertas

10. d) Extraordinario.

11. d) Indistintamente, ante el órgano que dictó el acto o el superior jerárquico que deba decidirlo.

12. b) Deberá ajustarse a las peticiones del recurrente.

13. d) Está expresamente prohibida.

14. a) Cuando el recurso se presentó contra un acto presunto desestimatorio de la solicitud del ciudadano.

15. d) Deberá resolverse, si del propio recurso se deduce su carácter.

16. c) Dentro de los cuatro años desde la notificación del acto.

17. b) Resolverá cuantas cuestiones se deduzcan del expediente.

18. a) A los tres meses de su interposición.

19. d) Los actos firmes exclusivamente.

20. d) En cualquier momento a partir del día siguiente a aquel en que, de acuerdo con su normativa específica, se produzcan los efectos del silencio administrativo.

21. d) Diez días.

22. b) Un mes.

23. d) Todas las respuestas son correctas.

24. a) La interposición de cualquier recurso suspenderá la ejecución del acto impugnado.

25. b) Tres meses.

26. a) Tres meses.

27. a) Seis meses.

28. d) Ninguno.

29. b) No inferior a diez días ni superior a quince.

30. d) Todas las respuestas son correctas.

TEST N.º 7

Ley Reguladora de las Bases de Régimen Local: Disposiciones Generales. El Municipio: territorio y población. Organización. Competencias. La potestad reglamentaria de las entidades locales: Reglamentos y Ordenanzas

1. Los elementos del Municipio son:

a) El territorio, la población y la financiación.
b) El territorio, las instituciones y la organización.
c) La organización, la autonomía y el territorio.
d) La población, la organización y el territorio.

2. Según el Reglamento de Población y Demarcación Territorial de las Entidades Locales el término municipal es:

a) El territorio en que el Ayuntamiento ejerce su jurisdicción.
b) El territorio en que el Ayuntamiento ejerce sus competencias.
c) El territorio en que el Ayuntamiento ejerce su política.
d) Las respuestas b) y c) son correctas.

3. De acuerdo con lo dispuesto en la Ley de Bases de Régimen Local:

a) La creación de nuevos municipios solo podrá realizarse sobre la base de núcleos de población territorialmente diferenciados, de al menos 25.000 habitantes.
b) La creación de nuevos municipios solo podrá realizarse sobre la base de núcleos de población territorialmente diferenciados, de al menos 4.000 habitantes.
c) La creación de nuevos municipios solo podrá realizarse sobre la base de núcleos de población territorialmente diferenciados, de al menos 3.000 habitantes.
d) La creación de nuevos municipios solo podrá realizarse sobre la base de núcleos de población territorialmente diferenciados, de al menos 250.000 habitantes.

4. ¿La alteración de términos municipales podrá suponer la modificación de los límites provinciales?

a) Solo en casos excepcionales.
b) En ningún caso.

c) Cuando concurran los requisitos establecidos en la ley.

d) Sí.

5. En los casos de fusión de municipios:

a) El nuevo municipio se subrogará en todos los derechos y obligaciones de los anteriores municipios.

b) El nuevo municipio resultante de la fusión no podrá segregarse hasta transcurridos cien años.

c) El órgano del gobierno del nuevo municipio resultante estará constituido transitoriamente por la suma de los concejales de los municipios fusionados.

d) Las respuestas a) y c) son correctas.

6. Son derechos y deberes de los vecinos:

a) Contribuir mediante la aportación de sus bienes inmuebles a la realización de las competencias municipales.

b) Exigir la prestación y, en su caso, el establecimiento del correspondiente servicio público, en el supuesto de constituir una competencia municipal propia aunque no sea de carácter obligatorio.

c) Acceder a los aprovechamientos comunales.

d) Ejercer la iniciativa individual en los términos previstos en el art. 70 bis de la Ley de Bases de Régimen Local.

7. La inscripción de los extranjeros en el Padrón municipal:

a) Constituirá prueba de su residencia legal en España.

b) Iniciará el expediente de adquisición de la nacionalidad española.

c) No les atribuirá ningún derecho que no les confiera la legislación vigente.

d) Permitirá obtener un permiso de trabajo.

8. El padrón municipal es:

a) La base de datos donde constan los nombres de los vecinos.

b) El registro administrativo donde solo constan los domicilios de los vecinos.

c) El registro administrativo donde constan los vecinos de un municipio.

d) El registro administrativo donde solo constan los domicilios de los extranjeros del municipio.

9. La inscripción en el Padrón municipal contendrá como obligatorios los siguientes datos:

a) Las matrículas de los vehículos de los vecinos.

b) El número de identificación de los aparatos tecnológicos existentes en cada casa.

c) Los ascendientes que habitan en cada casa.

d) Ninguna de las respuestas es correcta.

10. Quien viva en varios Municipios:

a) Deberá inscribirse únicamente en el Padrón municipal del municipio en el que habite durante más tiempo al año.

b) Deberá inscribirse únicamente en el Padrón municipal del municipio en el que tenga su lugar de trabajo.

c) Deberá inscribirse únicamente en el Padrón municipal del municipio en el que haya nacido.

d) Deberá inscribirse en el Padrón municipal de todos los municipios.

11. ¿Existe Padrón de españoles residentes en el extranjero?

a) Sí.

b) No.

c) Sí, y su formación se realizará por la Administración General del Estado.

d) Solo para aquellos que se encuentren en la Unión Europea.

12. Funcionan en régimen de Concejo Abierto:

a) Los municipios de menos de 200 habitantes.

b) Los municipios de menos de 300 habitantes.

c) Los municipios de menos de 500 habitantes.

d) Los municipios que tradicional y voluntariamente cuenten con ese singular régimen de gobierno y administración.

13. La personalidad jurídica de los Municipios, según la Constitución Española, es:

a) Propia.

b) Plena.

c) Reconocida por el Ente que los crea.

d) Dependiente de su autonomía.

14. La pertenencia de un Municipio a dos Provincias:

a) Se admite excepcionalmente.

b) Ha de estar prevista en norma con rango de ley.

c) Está prohibida en nuestro ordenamiento jurídico.

d) Las respuestas a) y b) son ciertas.

15. La división del término municipal en distritos, barrios, etc., es competencia del/de la:

a) Instituto Geográfico Nacional.

b) Diputación Provincial.

c) Ayuntamiento respectivo.

d) Comunidad Autónoma.

16. Para ser vecino de un Municipio:

a) Hay que estar empadronado como tal en él.
b) Basta con la residencia habitual en el mismo.
c) No es necesario ser mayor de edad.
d) Debe saberse leer y escribir.

17. En el Padrón no debe constar respecto de un vecino su:

a) Sexo.
b) Domicilio habitual.
c) Lugar de nacimiento.
d) Debe figurar todo lo anterior.

18. El Consejo de Empadronamiento está adscrito al/a la:

a) Presidencia del Gobierno de la Nación.
b) Ministerio del Interior.
c) Ministerio de Economía, Comercio y Empresa.
d) Ministerio de la Presidencia, Justicia y Relaciones con las Cortes.

19. La confección del Padrón de españoles residentes en el extranjero es competencia del/de la:

a) Ayuntamiento de su último domicilio en España.
b) Comunidad Autónoma donde hubieren nacido.
c) Administración General del Estado.
d) Embajada o Consulado español en el país en que residan.

20. Las directrices e instrucciones técnicas para la formación, mantenimiento y rectificación del Padrón corresponde emanarlas al/a la:

a) Propio Ayuntamiento Pleno.
b) Administración General del Estado.
c) Comunidad Autónoma.
d) Alcalde.

21. ¿Cómo se denominan los bandos dictados en desarrollo de las atribuciones del Alcalde para mejor regir y gobernar la vida de la comunidad?

a) Bandos Ordinarios.
b) Bandos de Gobierno.

c) Bandos de Policía y Buen Gobierno.

d) Bandos de Seguridad y Buen Gobierno.

22. ¿A quién le corresponde, en los Municipios de gran población, la aprobación de los proyectos de ordenanzas y reglamentos, incluidos los orgánicos, con excepción de las normas reguladoras del Pleno y de sus comisiones?

a) Al Alcalde.

b) Al Pleno.

c) A la Junta de Gobierno Local.

d) Al Secretario de la Corporación.

23. Los actos de deterioro grave y relevante de equipamientos, infraestructuras, instalaciones o elementos de un servicio público, constituyen una infracción a las ordenanzas locales de carácter:

a) Muy grave.

b) Grave.

c) Menos grave.

d) Leve.

24. Las infracciones leves de las Ordenanzas Locales podrán acarrear una multa de hasta:

a) 1.500 euros.

b) 1.000 euros.

c) 750 euros.

d) 600 euros.

25. ¿Cuándo prescribirán las sanciones impuestas por faltas muy graves a las Ordenanzas Locales, si estas no fijaran plazo de prescripción?

a) A los cinco años.

b) A los tres años.

c) A los dos años.

d) Al año.

26. ¿Cómo se denominan los bandos que se limitan a recordar el cumplimiento de disposiciones vigentes de carácter legal, publicándose en fechas fijadas de antemano por la ley y en todos los Municipios?

a) Bandos generales.

b) Bandos simples.

c) Bandos ordinarios.
d) Bandos periódicos.

27. Por el Pleno de la Corporación se aprobarán inicialmente las Ordenanzas y Reglamentos, como regla general por:

a) Mayoría de los miembros del Pleno de la Corporación.
b) Mayoría absoluta y con el voto favorable del Presidente de la Corporación.
c) Basta con el voto favorable del Presidente de la Corporación.
d) La Junta de Gobierno, por delegación del Pleno.

28. Una vez aprobadas inicialmente las Ordenanzas y Reglamentos, se expondrán al público durante un plazo mínimo de:

a) Cuarenta y cinco días hábiles.
b) Treinta días hábiles.
c) Veinte días naturales.
d) Quince días naturales.

29. Aprobadas definitivamente las Ordenanzas y Reglamentos, se procederá a su publicación en:

a) El Boletín Oficial de la Provincia.
b) El Boletín Oficial de la Comunidad Autónoma.
c) El Boletín Oficial del Estado.
d) En Boletín Oficial de la Comunidad Autónoma y en el BOE.

30. Para la modificación del Reglamento Orgánico de una Corporación, será necesario el voto favorable de/del:

a) Presidente de la Corporación.
b) La mayoría simple del número legal de miembros de la Corporación.
c) La mayoría absoluta del número legal de miembros de la Corporación.
d) No existe una mayoría establecida.

31. El impedimento o la grave y relevante obstrucción al normal funcionamiento de un servicio público, constituye una infracción:

a) Muy grave.
b) Menos grave.
c) Grave.
d) Leve.

32. Salvo previsión legal distinta, las multas por infracción muy grave a las Ordenanzas locales, se sanciona con una sanción económica de:

a) Hasta 6.000 euros.
b) Hasta 5.000 euros.
c) Hasta 3.000 euros.
d) Hasta 1.500 euros.

33. Salvo previsión legal distinta, las multas por infracción leve a las Ordenanzas locales, se sanciona con una sanción económica de:

a) Hasta 1.000 euros.
b) Hasta 750 euros.
c) Hasta 500 euros.
d) Hasta 300 euros.

Soluciones al test nº. 7

1. d) La población, la organización y el territorio.

2. b) El territorio en que el Ayuntamiento ejerce sus competencias.

3. b) La creación de nuevos municipios solo podrá realizarse sobre la base de núcleos de población territorialmente diferenciados, de al menos 4.000 habitantes.

4. b) En ningún caso.

5. d) Las respuestas a) y c) son correctas.

6. c) Acceder a los aprovechamientos comunales.

7. c) No les atribuirá ningún derecho que no les confiera la legislación vigente.

8. c) El registro administrativo donde constan los vecinos de un municipio.

9. d) Ninguna de las respuestas es correcta.

10. a) Deberá inscribirse únicamente en el Padrón municipal del municipio en el que habite durante más tiempo al año.

11. c) Sí, y su formación se realizará por la Administración General del Estado.

12. d) Los municipios que tradicional y voluntariamente cuenten con ese singular régimen de gobierno y administración.

13. b) Plena.

14. c) Está prohibida en nuestro ordenamiento jurídico.

15. c) Ayuntamiento respectivo.

16. a) Hay que estar empadronado como tal en él.

17. d) Debe figurar todo lo anterior.

18. c) Ministerio de Economía, Comercio y Empresa

19. c) Administración General del Estado.

20. b) Administración General del Estado.

21. c) Bandos de Policía y Buen Gobierno.

22. c) A la Junta de Gobierno Local.

23. a) Muy grave.

24. c) 750 euros.

25. b) A los tres años.

26. d) Bandos periódicos.

27. a) Mayoría de los miembros del Pleno de la Corporación.

28. b) Treinta días hábiles.

29. a) El Boletín Oficial de la Provincia.

30. c) La mayoría absoluta del número legal de miembros de la Corporación.

31. a) Muy grave.

32. c) Hasta 3.000 euros.

33. b) Hasta 750 euros.

TEST N.º 8

**Régimen de funcionamiento de las Entidades Locales.
La organización municipal en los municipios de régimen común.
Órganos necesarios y órganos complementarios**

1. La organización municipal responde a las siguientes reglas:

a) El Alcalde, los Tenientes de Alcalde y el Pleno existen en todos los Ayuntamientos.
b) El Alcalde, la Junta de Gobierno y el Pleno existen en todos los Ayuntamientos.
c) El Alcalde y el Pleno existen en todos los Ayuntamientos.
d) El Alcalde y la Junta de Gobierno existen en todos los Ayuntamientos.

2. La Comisión Especial de Cuentas:

a) Existe en todos los municipios.
b) Existe en los municipios en que así se acuerde.
c) Existe en los municipios de más de 1000 habitantes.
d) Ninguna de las respuestas es correcta.

3. De acuerdo con la Ley Orgánica de Régimen Electoral será proclamado alcalde electo:

a) El Concejal que haya obtenido la mayoría simple de los votos de los concejales.
b) El Concejal que encabece la lista que haya obtenido mayor número de votos populares.
c) El Concejal que haya obtenido la mayoría absoluta de los votos de los concejales.
d) El Concejal que haya ganado el sorteo.

4. Los alcaldes tendrán tratamiento de:

a) Ilustrísima en los municipios de Madrid y Barcelona.
b) Excelencia en los municipios que sean capitales de provincia.
c) Señoría en los municipios que no sean capitales de provincia ni las ciudades de Madrid y Barcelona.
d) Ilustrísima en todos los municipios.

5. La cuestión de confianza a la que podrá ser sometido el Alcalde se puede vincular a:

a) La aprobación o modificación de los Presupuestos anuales.
b) La aprobación o modificación del Reglamento Orgánico.
c) La aprobación o modificación de las Ordenanzas Fiscales.
d) Todas las respuestas son verdaderas.

6. No es una atribución del Alcalde:

a) Aprobar la oferta de empleo público.
b) La aprobación del reglamento orgánico y de las ordenanzas.
c) Dictar Bandos.
d) Ejercer la jefatura de la Policía Municipal.

7. Es una atribución del Pleno del Ayuntamiento:

a) La alteración de la calificación jurídica de los bienes de dominio público.
b) La aprobación inicial de las leyes.
c) Desempeñar la jefatura superior de todo el personal.
d) Ordenar la publicación, ejecución y hacer cumplir los acuerdos del Ayuntamiento.

8. La Junta de Gobierno Local se integra por el Alcalde y un número de Concejales:

a) No superior al tercio del número legal de los mismos.
b) No superior a la mitad del número legal de los mismos.
c) No superior a dos tercios del número legal de los mismos.
d) Ninguna de las respuestas es correcta.

9. Según nuestra Constitución, los Concejales no son elegidos por sufragio:

a) Universal.
b) Igual.
c) Paritario.
d) Libre.

10. La organización municipal complementaria que establezca una Comunidad Autónoma con carácter general, respecto a los Municipios de la misma:

a) Se aplica preferentemente a la establecida con tal carácter por el Estado.
b) Se aplica preferentemente a la establecida por el Reglamento Orgánico de cada Municipio.
c) Se aplica después de la del Estado y la del Reglamento Orgánico.
d) Las respuestas a) y b) son ciertas.

11. La elección de un Alcalde, tras unas elecciones locales, se efectúa:

a) Directamente en las elecciones locales.
b) En sesión extraordinaria al efecto.

c) En la sesión constitutiva de la Corporación.

d) Por los vecinos exclusivamente.

12. La destitución del Presidente de una Corporación Local se efectúa a través de la:

a) Renuncia.

b) Cuestión de confianza.

c) Moción de censura.

d) Las respuestas b) y c) son ciertas.

13. ¿Se puede presentar más de una moción de censura contra el mismo Presidente de una Entidad Local?

a) Sí, cuando prospere una de ellas.

b) Solo en distintos períodos de sesiones.

c) Depende del Reglamento Orgánico de la Entidad.

d) Nada de lo expuesto es cierto.

14. En una moción de censura contra un Presidente de una Entidad Local, puede ser candidato:

a) Los cabezas de lista.

b) Los portavoces de los Grupos Políticos.

c) Cualquier Concejal cuya aceptación expresa conste en el escrito de proposición de la moción.

d) Ninguno de los anteriores.

15. En el caso de que la cuestión de confianza planteada por un Alcalde no obtuviera el número necesario de votos favorables para la aprobación del acuerdo:

a) Quedan cesados todos sus miembros.

b) El Alcalde cesará automáticamente, quedando en funciones hasta la toma de posesión de quien hubiere de sucederle en el cargo.

c) Se nombra como tal al primer Teniente de Alcalde.

d) Se hace una nueva sesión constitutiva, tras la celebración de elecciones.

16. La convocatoria de consultas populares debe autorizarla el/la:

a) Gobierno de la Nación.

b) Presidente de la Corporación.

c) Comunidad Autónoma.

d) Ninguno de ellos.

17. La denominada competencia residual, en virtud de la cual se le atribuyen aquellas competencias que no estén expresamente asignadas a otro órgano, la tiene en un Ayuntamiento el/la/las:

a) Pleno.

b) Comisiones Informativas.

c) Presidente.
d) Junta de Gobierno Local.

18. Las cuestiones que se susciten entre Municipios sobre deslinde de sus términos municipales serán resueltas por:

a) La correspondiente Comunidad Autónoma.
b) El Gobierno de España.
c) Las Diputaciones Provinciales.
d) El Consejo de Estado.

19. El voto de calidad del Presidente de una Corporación Local:

a) Inclina la votación al sector en el que él haya votado, en caso de empate producido en la reunión de un órgano colegiado.
b) Da fe del resultado de la votación.
c) Significa que es muy importante quien emite el voto.
d) Provoca la irrecurribilidad del acuerdo adoptado.

20. La delegación de competencias de un Alcalde:

a) Se efectúa por acuerdo de Pleno.
b) Se reviste formalmente en forma de Decreto de dicho Pleno.
c) Se puede dar en todo tipo de materias.
d) Nada de lo anterior es correcto.

21. Los nombramientos de funcionarios en los Ayuntamientos de Municipios de régimen común corresponden al/a la:

a) Pleno.
b) Junta de Gobierno Local.
c) Presidente.
d) Delegado de Personal.

22. La aprobación de las formas de gestión de los servicios públicos en los Ayuntamientos de Municipios de régimen común corresponde genuinamente al/a la:

a) Pleno.
b) Presidente.
c) Junta de Gobierno Local.
d) Comunidad Autónoma respectiva.

23. En un Municipio de 7.000 habitantes, ¿cuántos Concejales habrá de elegirse para su Ayuntamiento?

a) Siete.
b) Diez.

c) Trece.
d) Quince.

24. La representación del Ayuntamiento compete al/a la/a los:

a) Alcalde.
b) Pleno.
c) Junta de Gobierno Local.
d) Tenientes de Alcalde en su ámbito competencial respectivo.

25. Señala cuál de los siguientes puede ser una forma de organización descon-centrada del Municipio, para la administración de núcleos de población separados, sin personalidad jurídica:

a) Parroquia.
b) Pedanía.
c) Aldea.
d) Todos los anteriores pueden serlo.

26. La Junta de Gobierno Local de un Ayuntamiento de Municipio de régimen común tiene, además del Presidente, los siguientes miembros como máximo:

a) Diez.
b) Depende del número de habitantes.
c) Dos tercios del de la Corporación.
d) Un tercio de estos.

27. Los Concejales-Delegados se nombran por el/la:

a) Presidente.
b) Pleno.
c) Grupo Político.
d) Junta de Gobierno Local.

28. La determinación de la periodicidad de las sesiones plenarias ordinarias se acuerda por el:

a) Propio Pleno en la sesión constitutiva.
b) Alcalde o Presidente.
c) Pleno, con un mínimo de una al mes.
d) Pleno en sesión extraordinaria.

29. Puede pedir la celebración de sesión extraordinaria y debe, por ello, convocarse:

a) Un tercio del número de hecho de miembros de la Corporación.
b) Un tercio del número legal de miembros de la misma.

c) Una cuarta parte de este último número.
d) La décima parte de los mismos.

30. La celebración de una sesión extraordinaria solicitada legalmente, en principio, no debe demorarse, desde que se solicitó, por más de:

a) Cuatro días hábiles.
b) Dos meses.
c) Quince días hábiles.
d) Cuando lo estime oportuno el Alcalde, sin límite de tiempo.

31. Las sesiones extraordinarias se convocarán como mínimo:

a) Dos días naturales antes.
b) Veinticuatro horas antes.
c) Dos días hábiles antes.
d) No se requiere plazo alguno.

32. Las sesiones extraordinarias urgentes deben convocarse con una antelación mínima de:

a) Cuatro días.
b) Dos días naturales.
c) Dos días hábiles.
d) Nada de lo anterior es cierto.

33. Debe motivarse la convocatoria de:

a) Todas las sesiones.
b) Las ordinarias.
c) Las extraordinarias.
d) Ninguna de ellas.

34. Las sesiones que deben comenzar con un pronunciamiento sobre su urgencia son:

a) Todas.
b) Las extraordinarias.
c) Las ordinarias.
d) Las extraordinarias urgentes.

35. El orden del día de las sesiones:

a) Se adjunta a la convocatoria.
b) Se incluye en esta.

c) Se entrega antes de comenzar la sesión, una vez constituida.
d) Ninguna de las respuestas anteriores es correcta.

36. Pueden solicitar que un asunto se estudie en una sesión de Pleno sin haber sido dictaminado por la Comisión Informativa respectiva:

a) Solo el Alcalde.
b) Las Comisiones Informativas.
c) Los Portavoces de los Grupos Políticos.
d) Cualquier Concejal.

37. Se requiere ratificación de la inclusión de un asunto en el Orden del Día:

a) En caso de que se lleve por urgencias.
b) Si no se ha dictaminado previamente por la Comisión pertinente.
c) En los dos casos anteriores.
d) En cualquier caso.

38. Los ruegos y preguntas se incluyen en las sesiones:

a) De todo tipo.
b) Ordinarias.
c) Extraordinarias.
d) Urgentes.

39. La declaración de urgencia de un asunto no incluido en el orden del día requiere:

a) Decreto del Presidente.
b) Que sea sesión extraordinaria.
c) Mayoría absoluta del número legal de miembros.
d) Informe del Secretario General.

40. Un acuerdo sobre un asunto urgente que no haya sido considerado tal es:

a) Irregular.
b) Válido.
c) Nulo.
d) Anulable.

41. Puede redactarse en catalán una convocatoria u orden del día:

a) En cualquier caso.
b) Cuando así lo acuerde la propia Corporación.
c) En cualquier sesión de una Corporación Local.
d) Cuando sea lengua oficial.

42. Para declarar secreto el debate de un asunto en un Pleno se requiere:

a) Decreto del Alcalde o Presidente.
b) Que así se fije en la convocatoria.
c) Que lo acuerde la mayoría de los miembros.
d) Que se acuerde por mayoría absoluta de estos.

43. Para celebrar una sesión fuera de la sede de la Corporación se requiere:

a) Resolución de la Presidencia.
b) Acuerdo del órgano de que se trate.
c) Caso fortuito.
d) Nada de lo anterior, pues puede hacerse en cualquier caso y momento.

44. Terminar una sesión el mismo día en que comienza es:

a) Obligatorio.
b) La regla general.
c) Lo anormal.
d) Preceptivo en las ordinarias.

45. Como regla general, el mínimo de quórum para constituir válidamente el Pleno es de:

a) Un tercio del número legal de miembros.
b) Asistencia del Presidente y el Secretario, exclusivamente.
c) Tres miembros.
d) Depende de la convocatoria en que se celebra.

46. Si no hay quórum en la constitución de una sesión del Pleno se:

a) Celebra media hora después.
b) Celebra con carácter deliberante.
c) Convoca a la misma hora dos días después.
d) Entiende automáticamente convocada, a la misma hora, dos días después.

47. Si una vez constituida la sesión, quedaran menos de tres miembros en la misma se:

a) Levanta la misma.
b) Adoptan acuerdos que no requieran mayoría cualificada.
c) Puede adoptar cualquier acuerdo.
d) Entiende convocada la sesión dos días después.

48. Deben comunicarse a la Alcaldía las ausencias del término municipal de un Concejal que excedan de:

a) Dos días.
b) Un día.
c) Ocho días.
d) No es necesario hacerlo.

49. El Alcalde de un Municipio con población de trescientos mil habitantes puede sancionar a los miembros que no asistan a las sesiones con:

a) Separación del cargo.
b) Reprobación oficial.
c) Multa.
d) Suspensión provisional.

50. Un miembro no puede hacer uso de la palabra en una sesión:

a) Extraordinaria del Pleno o de la Junta de Gobierno Local.
b) Salvo por su Portavoz.
c) Cuando se vote.
d) Puede hacerlo en cualquier momento.

Soluciones al test nº. 8

1. a) El Alcalde, los Tenientes de Alcalde y el Pleno existen en todos los Ayuntamientos.

2. a) Existe en todos los municipios.

3. c) El Concejal que haya obtenido la mayoría absoluta de los votos de los concejales.

4. c) Señoría en los municipios que no sean capitales de provincia ni las ciudades de Madrid y Barcelona.

5. d) Todas las respuestas son verdaderas.

6. b) La aprobación del reglamento orgánico y de las ordenanzas.

7. a) La alteración de la calificación jurídica de los bienes de dominio público.

8. a) No superior al tercio del número legal de los mismos.

9. c) Paritario.

10. b) Se aplica preferentemente a la establecida por el Reglamento Orgánico de cada Municipio.

11. c) En la sesión constitutiva de la Corporación.

12. d) Las respuestas b) y c) son ciertas.

13. d) Nada de lo expuesto es cierto.

14. c) Cualquier Concejal cuya aceptación expresa conste en el escrito de proposición de la moción.

15. b) El Alcalde cesará automáticamente, quedando en funciones hasta la toma de posesión de quien hubiere de sucederle en el cargo.

16. a) Gobierno de la Nación.

17. c) Presidente.

18. a) La correspondiente Comunidad Autónoma.

19. a) Inclina la votación al sector en el que él haya votado, en caso de empate producido en la reunión de un órgano colegiado.

20. d) Nada de lo anterior es correcto.

21. c) Presidente.

22. a) Pleno.

23. c) Trece.

24. a) Alcalde.

25. d) Todos los anteriores pueden serlo.

26. d) Un tercio de estos.

27. a) Presidente.

28. d) Pleno en sesión extraordinaria

29. c) Una cuarta parte de este último número.

30. c) Quince días hábiles.

31. c) Dos días hábiles antes.

32. d) Nada de lo anterior es cierto.

33. c) Las extraordinarias.

34. d) Las extraordinarias urgentes.

35. a) Se adjunta a la convocatoria.

36. c) Los Portavoces de los Grupos Políticos.

37. b) Si no se ha dictaminado previamente por la Comisión pertinente.

38. b) Ordinarias.

39. c) Mayoría absoluta del número legal de miembros.

40. c) Nulo.

41. d) Cuando sea lengua oficial.

42. d) Que se acuerde por mayoría absoluta de estos.

43. a) Resolución de la Presidencia.

44. b) La regla general.

45. a) Un tercio del número legal de miembros.

46. d) Entiende automáticamente convocada, a la misma hora, dos días después.

47. a) Levanta la misma.

48. c) Ocho días.

49. c) Multa.

50. c) Cuando se vote.

TEST N.º 9

Régimen de organización de los municipios de gran población

1. ¿Cuál es, en virtud del art. 122.1 de la Ley de Régimen Local el órgano de máxima representación política de los ciudadanos en el gobierno municipal?

a) El Pleno.
b) El Alcalde.
c) El Consejo de Gobierno.
d) La Junta de Gobierno Local.

2. Según dispone el art. 124.3 de la Ley de Régimen Local el Alcalde tendrá el tratamiento de:

a) Muy Honorable.
b) Ilustrísima.
c) Excelencia.
d) Muy Ilustre Señor.

3. ¿Quién ordena la publicación, ejecución y cumplimiento de los acuerdos de los órganos ejecutivos del Ayuntamiento?

a) El Alcalde.
b) El Pleno.
c) El Secretario de la Corporación.
d) La Junta de Gobierno Local.

4. ¿Qué tratamiento tienen los Tenientes de Alcalde?

a) Muy Ilustre Señor.
b) Ilustrísima.
c) Muy Honorable.
d) Excelencia.

5. **Señala la respuesta incorrecta respecto a la Junta de Gobierno Local**:

a) Los miembros de la Junta de Gobierno Local podrán asistir a las sesiones del Pleno e intervenir en los debates, sin perjuicio de las facultades que corresponden a su Presidente.

b) La Junta de Gobierno Local responde políticamente ante el Pleno de su gestión de forma solidaria.

c) Corresponde al Alcalde nombrar y separar libremente a los miembros de la Junta de Gobierno Local, cuyo número no podrá exceder de la mitad del número legal de miembros del Pleno, además del Alcalde.

d) Le corresponde la aprobación del proyecto de presupuesto.

6. **Señala cuál de los siguientes no es uno de los órganos directivos municipales**:

a) El interventor general municipal.

b) Los coordinadores generales de cada área o concejalía.

c) Los miembros de la Junta de Gobierno Local.

d) El Secretario general del Pleno.

7. **¿Con qué periodicidad dará cuenta la Comisión Especial de Sugerencias y Reclamaciones al Pleno de las quejas presentadas y de las deficiencias observadas en el funcionamiento de los servicios municipales, con especificación de las sugerencias o recomendaciones no admitidas por la Administración municipal?**

a) Anualmente.

b) Semestralmente.

c) Trimestralmente.

d) Mensualmente.

8. **Señala cuál de los siguientes no es uno de los órganos directivos municipales**:

a) El Alcalde.

b) El titular de la asesoría jurídica.

c) El titular del órgano de apoyo a la Junta de Gobierno Local y al concejal secretario de la misma.

d) Los directores generales u órganos similares que culminen la organización administrativa dentro de cada una de las grandes áreas o concejalías.

9. **¿Cuál es el órgano que, bajo la presidencia del Alcalde, colabora de forma colegiada en la función de dirección política que a este corresponde y ejerce las funciones ejecutivas y administrativas que se señalan en el artículo 127 de la Ley de Régimen Local?**

a) El Pleno.

b) La Junta de Gobierno Local.

c) El Consejo Social de la Ciudad.

d) La Comisión de Gobierno Municipal.

10. ¿Quién convoca y preside las sesiones del Pleno y las de la Junta de Gobierno Local?

a) El Alcalde.
b) El Secretario General.
c) El Primer Teniente de Alcalde, en todo caso.
d) Ninguna respuesta es correcta.

11. No corresponde al secretario general del Pleno:

a) La expedición, con el visto bueno del Presidente del Pleno, de las certificaciones de los actos y acuerdos que se adopten.
b) Ejercer la superior dirección del personal al servicio de la Administración municipal.
c) La comunicación, publicación y ejecución de los acuerdos plenarios.
d) La colaboración en el normal desarrollo de los trabajos del Pleno y de las comisiones.

12. ¿Quién es el encargado de la custodia de las actas?

a) El Alcalde.
b) El Jefe de la Policía Local.
c) El concejal de mayor edad.
d) El Secretario General del Pleno.

13. ¿Cuál de las siguientes es una de las atribuciones que corresponden al Pleno en virtud del art. 123.1 LRL?

a) La aprobación y modificación de los reglamentos de naturaleza orgánica.
b) La aprobación y modificación de las ordenanzas y reglamentos municipales.
c) El control y la fiscalización de los órganos de gobierno.
d) Todas las respuestas son correctas.

14. ¿Ante quién responde de su gestión política el Alcalde?

a) Ante el Pleno.
b) Ante la Diputación Provincial.
c) Ante el Tribunal Superior de Justicia de su Comunidad Autónoma.
d) Ante la Audiencia Nacional.

15. ¿Quién nombra y cesa a los Presidentes de los Distritos?

a) El Alcalde.
b) El Pleno Municipal.
c) El Secretario General.
d) Los vecinos del Distrito.

16. **Señala la respuesta incorrecta respecto a los Distritos**:

a) Los ayuntamientos deberán crear distritos para impulsar y desarrollar la participación ciudadana en la gestión de los asuntos municipales y su mejora, sin perjuicio de la unidad de gobierno y gestión del municipio.
b) La presidencia del distrito corresponderá en todo caso al Alcalde.
c) Corresponde al Pleno de la Corporación determinar, en una norma de carácter orgánico, el porcentaje mínimo de los recursos presupuestarios de la corporación que deberán gestionarse por los distritos, en su conjunto.
d) Aparecen regulados en el art. 128 de la LRL.

17. **Atendiendo a qué criterios se nombrarán a los coordinadores generales y de los directores generales**:

a) Atendiendo a criterios de mérito, capacidad y antigüedad.
b) Atendiendo a criterios de igualdad y objetividad.
c) Atendiendo a criterios de experiencia y profesionalidad.
d) Atendiendo a criterios de competencia profesional y experiencia.

18. **¿A qué órgano le corresponde emitir informes, estudios y propuestas en materia de desarrollo económico local, planificación estratégica de la ciudad y grandes proyectos urbanos?**

a) Al Pleno Municipal.
b) Al Consejo Social de la Ciudad.
c) A la Junta Municipal de Desarrollo.
d) A la Comisión Especial de Sugerencias y Reclamaciones.

19. **¿Cómo se denomina el órgano creado por el Pleno para la defensa de los derechos de los vecinos ante la Administración municipal?**

a) Comité Local de Defensa de los Derechos de los Vecinos.
b) Junta Municipal de Defensa y Asesoramiento Vecinal.
c) Comisión Local de Quejas y Sugerencias Vecinales.
d) Comisión Especial de Sugerencias y Reclamaciones.

20. **Señala la respuesta incorrecta respecto a la Comisión Especial de Sugerencias y Reclamaciones**:

a) La Comisión especial de Sugerencias y Reclamaciones estará formada por representantes de los dos grupos mayoritarios que integren el Pleno.
b) Para el desarrollo de sus funciones, todos los órganos de Gobierno y de la Administración municipal están obligados a colaborar con la Comisión de Sugerencias y Reclamaciones.

c) Podrá supervisar la actividad de la Administración municipal, y deberá dar cuenta al Pleno de las quejas presentadas y de las deficiencias observadas en el funcionamiento de los servicios municipales, con especificación de las sugerencias o recomendaciones no admitidas por la Administración municipal.

d) Podrá realizar informes extraordinarios cuando la gravedad o la urgencia de los hechos lo aconsejen.

21. ¿A quién corresponde la creación de los distritos y su regulación?

a) Al Alcalde.
b) Al Pleno de la Corporación.
c) Al Consejo de Gobierno.
d) A la Junta de Gobierno Local.

22. Señala una de las funciones del Alcalde conforme al art. 124 LRL:

a) Establecer directrices generales de la acción de gobierno municipal y asegurar su continuidad.
b) Ejercer la Jefatura de la Policía Municipal.
c) Dictar bandos, decretos e instrucciones.
d) Todas las respuestas son correctas.

23. Señala la respuesta incorrecta respecto a la Junta de Gobierno Local:

a) Le corresponde la aprobación de los proyectos de instrumentos de ordenación urbanística cuya aprobación definitiva o provisional corresponda al Pleno.
b) Sus deliberaciones son públicas.
c) Una de sus funciones es la concesión de cualquier tipo de licencia, salvo que la legislación sectorial la atribuya expresamente a otro órgano.
d) Nombra y el cesa a los titulares de los órganos directivos de la Administración municipal, sin perjuicio de lo dispuesto en la disposición adicional octava de la LRL para los funcionarios de Administración local con habilitación de carácter nacional.

Solución al test n.º 9

1. a) El Pleno.

2. c) Excelencia.

3. a) El Alcalde.

4. b) Ilustrísima.

5. c) Corresponde al Alcalde nombrar y separar libremente a los miembros de la Junta de Gobierno Local, cuyo número no podrá exceder de la mitad del número legal de miembros del Pleno, además del Alcalde.

6. c) Los miembros de la Junta de Gobierno Local.

7. a) Anualmente.

8. a) El Alcalde.

9. b) La Junta de Gobierno Local.

10. a) El Alcalde.

11. b) Ejercer la superior dirección del personal al servicio de la Administración municipal.

12. d) El Secretario General del Pleno.

13. d) Todas las respuestas son correctas.

14. a) Ante el Pleno.

15. a) El Alcalde.

16. b) La presidencia del distrito corresponderá en todo caso al Alcalde.

17. d) Atendiendo a criterios de competencia profesional y experiencia.

18. b) Al Consejo Social de la Ciudad.

19. d) Comisión Especial de Sugerencias y Reclamaciones.

20. a) La Comisión especial de Sugerencias y Reclamaciones estará formada por representantes de los dos grupos mayoritarios que integren el Pleno.

21. b) Al Pleno de la Corporación.

22. d) Todas las respuestas son correctas.

23. b) Sus deliberaciones son públicas.

TEST N.º 10

Ley Orgánica 3/2018 de 5 de diciembre, de Protección de Datos Personales y Garantía de Derechos Digitales: Ámbito de aplicación. Datos de las personas fallecidas. Principios de protección de datos. Derechos de las personas: Transparencia e información, ejercicio de los derechos

1. El RGPD señala, al determinar cuál es su objeto, que la libre circulación de los datos personales en la Unión:

a) Podrá ser restringida y prohibida por motivos relacionados con la protección de las personas físicas en lo que respecta al tratamiento de datos personales.

b) Podrá ser restringida, pero no prohibida, por motivos relacionados con la protección de las personas físicas en lo que respecta al tratamiento de datos personales.

c) No podrá ser restringida ni prohibida por motivos relacionados con la protección de las personas físicas en lo que respecta al tratamiento de datos personales.

d) No podrá ser restringida, pero sí prohibida, por motivos relacionados con la protección de las personas físicas en lo que respecta al tratamiento de datos personales.

2. ¿En virtud de qué principio previsto por el Reglamento General de Protección de Datos, los datos personales serán adecuados, pertinentes y limitados a lo necesario en relación con los fines para los que son tratados?

a) Principio de exactitud.

b) Principio de limitación de la finalidad.

c) Principio de responsabilidad proactiva.

d) Principio de minimización de datos.

3. En relación con el consentimiento, el Reglamento General de Protección de Datos dispone que:

a) El consentimiento puede deducirse del silencio o de la inacción de los ciudadanos.

b) Se permite el llamado consentimiento tácito.

c) No es admisible el consentimiento del interesado dado en el contexto de una declaración escrita que también se refiera a otros asuntos.

d) Quienes recopilen datos personales deben ser capaces de demostrar que el afectado les otorgó su consentimiento.

4. Según el artículo 5 del *Reglamento (UE) 2016/679, de 27 de abril, relativo a la protección de las personas físicas en lo que respecta al tratamiento de datos personales y a la libre circulación de estos datos*, los datos personales serán tratados, en relación con el interesado, de manera lícita, leal y:

a) Fiable.
b) Segura.
c) Confidencial.
d) Transparente.

5. Conforme al artículo 3 de la LO 3/2018, las personas vinculadas al fallecido por razones familiares o de hecho así como sus herederos:

a) No podrán dirigirse al responsable o encargado del tratamiento para solicitar el acceso a los datos personales de aquella, si no es por vía judicial.

b) Solo podrán dirigirse al encargado del tratamiento, siempre que sea con objeto de rectificar datos manifiestamente falsos.

c) Podrán dirigirse al responsable o encargado del tratamiento siempre que sea con objeto de solicitar la supresión de los datos personales de aquella sin posibilidad de acceder a ellos.

d) Podrán dirigirse al responsable o encargado del tratamiento al objeto de solicitar el acceso a los datos personales de aquella y, en su caso, su rectificación o supresión.

6. Según el artículo 3 de la LO 3/2018, los requisitos y condiciones para acreditar la validez y vigencia de los mandatos e instrucciones de las personas fallecidas respecto al acceso a los datos personales de estas por parte de las personas o instituciones que designaran expresamente, serán establecidos:

a) Por medio de una directiva europea.
b) Por ley estatal.
c) Por ley autonómica.
d) Por real decreto.

7. Conforme a los artículos 4.11 del RGPD y 6.1 de la LO 3/2018, se entiende por *consentimiento del afectado* la aceptación, ya sea mediante una declaración o una clara acción afirmativa, del tratamiento de datos personales que le conciernen manifestada por voluntad libre, de forma específica, informada e/y:

a) Detallada.
b) Unitaria.

c) Inequívoca.
d) Por escrito.

8. Conforme al principio de limitación de la finalidad, los datos personales serán recogidos con fines determinados, explícitos y:

a) Limitados.
b) Transparentes.
c) Compatibles.
d) Legítimos.

9. Según el artículo 8.1 de la LO 3/2018, el tratamiento de datos personales solo podrá considerarse fundado en el cumplimiento de una obligación legal exigible al responsable:

a) Cuando así lo prevea una norma de Derecho de la Unión Europea o una norma con rango de ley.
b) Cuando el tratamiento se considere una misión realizada en interés público.
c) Cuando se trate del ejercicio de poderes públicos conferidos al responsable.
d) Cuando el responsable sea un órgano u organismo público.

10. Conforme al artículo 9 de la LO 3/2018, de 5 de diciembre, de Protección de Datos Personales y garantía de los derechos digitales, ¿cuál de los siguientes tratamientos de categorías especiales de datos fundados en el Derecho español deberá estar amparado en una norma con rango de ley?

a) El interesado dio su consentimiento explícito para el tratamiento de dichos datos personales con uno o más de los fines especificados.
b) El tratamiento es necesario para el cumplimiento de obligaciones y el ejercicio de derechos específicos del responsable del tratamiento o del interesado en el ámbito del Derecho laboral y de la seguridad y protección social.
c) El tratamiento es necesario para proteger intereses vitales del interesado o de otra persona física, en el supuesto de que el interesado no esté capacitado, física o jurídicamente, para dar su consentimiento.
d) El tratamiento es necesario por razones de interés público en el ámbito de la salud pública, como la protección frente a amenazas transfronterizas graves para la salud, o para garantizar elevados niveles de calidad y de seguridad de la asistencia sanitaria y de los medicamentos o productos sanitarios.

11. Según el artículo 7.1 de la LO 3/2018, el tratamiento de los datos personales de un menor de edad únicamente podrá fundarse en su consentimiento cuando sea mayor de:

a) 12 años.
b) 13 años.
c) 14 años.
d) 16 años.

12. Según el artículo 12.4 de la LO 3/2018, la prueba del cumplimiento del deber de responder a la solicitud de ejercicio de sus derechos formulado por el afectado recaerá:

a) Sobre el responsable del tratamiento.
b) Sobre el encargado del tratamiento.
c) Bien sobre el responsable o bien sobre el encargado.
d) Sobre el representante legal del afectado.

13. En virtud del artículo 12 de la LO 3/2018 es cierto, en relación con los medios para que el afectado pueda ejercer sus derechos, que:

a) El encargado del tratamiento estará obligado a informar al afectado sobre los medios a su disposición para ejercer los derechos que le corresponden.
b) Los medios deberán ser consensuados con los afectados antes de poner en marcha el tratamiento.
c) Los medios deberán ser fácilmente accesibles para el afectado.
d) El ejercicio del derecho podrá ser denegado cuando el afectado opte por otro medio.

14. En relación con el derecho de acceso, el responsable del tratamiento debe facilitar una copia de los datos personales objeto de tratamiento. Cuando el afectado elija un medio distinto al que se le ofrece que suponga un coste desproporcionado:

a) La solicitud será considerada excesiva y, por lo tanto, no tenida en consideración.
b) El afectado asumirá parte del exceso de costes que su elección comporte.
c) En este caso, solo será exigible al responsable del tratamiento la satisfacción del derecho de acceso sin dilaciones indebidas.
d) Será cumplimentada gratuitamente y sin dilaciones indebidas.

15. En relación con el derecho de acceso, el artículo 13 de la LO 3/2018 dispone que:

a) Cuando el responsable trate una gran cantidad de datos relativos al afectado y este ejercite su derecho de acceso sin especificar si se refiere a todos o a una parte de los datos, el responsable deberá facilitar la totalidad de los datos.
b) El derecho de acceso se entenderá otorgado si el responsable del tratamiento facilitara al afectado un sistema de acceso remoto, directo y seguro a los datos personales que garantice, temporalmente, el acceso a su totalidad.
c) Se podrá considerar repetitivo el ejercicio del derecho de acceso en más de una ocasión durante el plazo de seis meses, a menos que exista causa legítima para ello.
d) Cuando el afectado elija un medio distinto al que se le ofrece deberá asumir los costes que su elección comporte.

Solución al test n.º 10

1. c) No podrá ser restringida ni prohibida por motivos relacionados con la protección de las personas físicas en lo que respecta al tratamiento de datos personales.

2. d) Principio de minimización de datos.

3. d) Quienes recopilen datos personales deben ser capaces de demostrar que el afectado les otorgó su consentimiento.

4. d) Transparente.

5. d) Podrán dirigirse al responsable o encargado del tratamiento al objeto de solicitar el acceso a los datos personales de aquella y, en su caso, su rectificación o supresión.

6. d) Por real decreto.

7. c) Inequívoca.

8. d) Legítimos.

9. a) Cuando así lo prevea una norma de Derecho de la Unión Europea o una norma con rango de ley.

10. d) El tratamiento es necesario por razones de interés público en el ámbito de la salud pública, como la protección frente a amenazas transfronterizas graves para la salud, o para garantizar elevados niveles de calidad y de seguridad de la asistencia sanitaria y de los medicamentos o productos sanitarios.

11. c) 14 años.

12. a) Sobre el responsable del tratamiento.

13. c) Los medios deberán ser fácilmente accesibles para el afectado.

14. c) En este caso, solo será exigible al responsable del tratamiento la satisfacción del derecho de acceso sin dilaciones indebidas.

15. c) Se podrá considerar repetitivo el ejercicio del derecho de acceso en más de una ocasión durante el plazo de seis meses, a menos que exista causa legítima para ello.

TEST N.º 11

Ley de Contratos del Sector Público. Ámbito. Delimitación de los tipos contractuales y sus principales características

1. La contratación administrativa en el sector público viene regulada por:

a) La Ley 9/2017, de 8 de noviembre.
b) La Ley 6/2017, de 24 de octubre.
c) La Ley 3/2017, de 27 de junio.
d) La Ley 4/2017, de 25 de septiembre.

2. Los contratos que tienen por objeto la adquisición, el arrendamiento financiero, o el arrendamiento, con o sin opción de compra, de productos o bienes muebles, son:

a) Contratos de servicios.
b) Contratos de suministro.
c) Contratos de obras.
d) Contratos de gestión de servicios públicos.

3. No se consideran contratos de suministros:

a) Aquellos en los que el empresario se obligue a entregar una pluralidad de bienes de forma sucesiva y por precio unitario sin que la cuantía total se defina con exactitud al tiempo de celebrar el contrato, por estar subordinadas las entregas a las necesidades del adquirente.
b) Los que tengan por objeto la adquisición y el arrendamiento de equipos y sistemas de telecomunicaciones o para el tratamiento de la información, sus dispositivos y programas, y la cesión del derecho de uso de estos últimos.
c) Los de adquisición de programas de ordenador desarrollados a medida.
d) Los de fabricación, por los que la cosa o cosas que hayan de ser entregadas por el empresario deban ser elaboradas con arreglo a características peculiares fijadas previamente por la entidad contratante, aun cuando esta se obligue a aportar, total o parcialmente, los materiales precisos.

4. Están sujetos a regulación armonizada los contratos de obras y los contratos de concesión de obras públicas cuyo valor estimado sea igual o superior a:

a) 5.538.000 euros.
b) 6.581.000 euros.
c) 8.615.000 euros.
d) 1.861.000 euros.

5. Conforme al artículo 1.3 de la Ley 9/2017, siempre que guarde relación con el objeto del contrato, en toda contratación pública se incorporarán de manera transversal y preceptiva criterios sociales y:

a) Divulgativos.
b) Comunitarios.
c) Medioambientales.
d) Judiciales.

6. Conforme al artículo 3.4 de la Ley 9/2017, los partidos políticos, cuando cumplan los requisitos para ser poder adjudicador y respecto de los contratos sujetos a regulación armonizada, deberán actuar conforme a los principios de publicidad, concurrencia, transparencia, igualdad y:

a) No discriminación.
b) Eficacia.
c) Sometimiento a las leyes.
d) Legitimidad.

7. En virtud de la Ley 9/2017 (art. 6.1.a), se presumirá que las entidades intervinientes en un convenio tienen vocación de mercado cuando realicen en el mercado abierto un porcentaje de las actividades objeto de colaboración igual o superior a:

a) El 10 %.
b) El 20 %.
c) El 50 %.
d) El 30 %.

8. Los contratos que tengan por objeto la adquisición de energía primaria o energía transformada se consideran:

a) Contratos de concesión de servicios.
b) Contratos de suministros.
c) Contratos privados.
d) Contratos de servicios.

9. Deberá elaborarse un proyecto y tramitarse como la Ley 9/2017 dispone para los contratos de obras, el contrato mixto en que un elemento del contrato sea una obra y esta supere:

a) Los 50.000 euros.
b) Los 100.000 euros.
c) Los 5.000 euros.
d) Los 10.000 euros.

10. No podrán ser objeto de los contratos de servicios:

a) Los que impliquen ejercicio de la autoridad inherente a los poderes públicos.
b) Los que impliquen el desarrollo o mantenimiento de aplicaciones informáticas.
c) Los que tengan por objeto el desarrollo y la puesta a disposición de productos protegidos por un derecho de propiedad intelectual o industrial.
d) Los que tengan por objeto la prestación de actividades docentes en centros del sector público desarrolladas en forma de cursos de formación o perfeccionamiento del personal al servicio de la Administración.

11. Se consideran sujetos a regulación armonizada los contratos:

a) Relativos al tiempo de radiodifusión o al suministro de programas que sean adjudicados a proveedores del servicio de comunicación audiovisual o radiofónica.
b) De concesión adjudicados para la puesta a disposición o la explotación de redes fijas destinadas a prestar un servicio al público en relación con la producción, el transporte o la distribución de agua potable.
c) De concesión de obras cuyo valor estimado sea igual o superior a 5.538.000 euros.
d) Que tengan por objeto los servicios de certificación y autenticación de documentos que deban ser prestados por un notario público.

12. Para la Directiva 2014/23/UE, de 26 de febrero de 2014, relativa a la adjudicación de contratos de concesión, el criterio delimitador del contrato de concesión de servicios respecto del contrato de servicios es:

a) La cuantificación del coste.
b) Quién asume el riesgo operacional.
c) La exigencia o no de la clasificación del empresario.
d) La publicación en boletín oficial.

13. Según el art. 13.3 de la Ley 9/2017, de 8 de noviembre, de Contratos del Sector Público, los contratos de obras se referirán:

a) A una obra completa.
b) A una superficie acotada.
c) A un área concreta.
d) A un plan urbanístico determinado.

14. Según el artículo 3.2. de la LCSP, tienen la consideración de Administración Pública:

a) Las autoridades administrativas independientes.
b) Las fundaciones públicas.
c) Las Mutuas colaboradoras con la Seguridad Social.
d) Las Entidades Públicas Empresariales.

15. ¿Qué tipo de contrato fue suprimido por la Ley 9/2017 de Contratos del Sector Público?

a) El contrato de servicios.
b) El contrato mixto.
c) El contrato de concesión de servicios.
d) El contrato de colaboración público-privada.

16. Se incluyen en el ámbito de aplicación de la Ley 9/2017 de Contratos del Sector Público:

a) La relación de servicio de los funcionarios públicos y los contratos regulados en la legislación laboral.
b) Los contratos que tengan por objeto servicios relacionados con campañas políticas, cuando sean adjudicados por una Administración Pública.
c) Los contratos relativos a servicios de arbitraje y conciliación.
d) Las relaciones jurídicas consistentes en la prestación de un servicio público cuya utilización por los usuarios requiera el abono de una tarifa, tasa o precio público de aplicación general.

17. Los contratos de servicios se sujetarán a regulación armonizada cuando teniendo por objeto los servicios sociales superen la siguiente cantidad:

a) 143.000 euros.
b) 221.000 euros.
c) 475.000 euros.
d) 750.000 euros.

18. No se consideran sujetos a regulación armonizada, cualquiera que sea su valor estimado, los contratos siguientes:

a) Los contratos de obras que tengan por objeto la construcción de hospitales, centros deportivos, recreativos o de ocio, edificios escolares o universitarios y edificios de uso administrativo.
b) Aquellos que tengan por objeto la representación y defensa legal de un cliente por un procurador o un abogado, ya sea en un arbitraje o una conciliación celebrada en un Estado o ante una instancia internacional de conciliación o arbitraje, o ya sea en un procedimiento judicial ante los órganos jurisdiccionales o las autoridades públicas de un Estado o ante órganos jurisdiccionales o instituciones internacionales.

c) Los que tengan por objeto servicios sociales.

d) Los adjudicados por órganos de contratación que pertenezcan al sector de la defensa.

19. Los contratos celebrados por entidades del sector público que siendo poder adjudicador no reúnan la condición de Administraciones Públicas, tienen la consideración de:

a) Contratos administrativos.

b) Contratos privados.

c) Contratos administrativos especiales.

d) Contratos mixtos.

20. De acuerdo con el artículo 26 de la Ley 9/2017, de contratos del Sector Público, los contratos privados que celebren las administraciones públicas se regirán por el derecho privado, en cuanto a:

a) Su preparación y adjudicación.

b) Sus efectos, modificación y extinción.

c) Su preparación, adjudicación y extinción.

d) Ninguna de las anteriores respuestas es correcta ya que se regirán, en defecto de normas específicas, por la presente ley.

Solución al test n.º 11

1. a) La Ley 9/2017, de 8 de noviembre.

2. b) Contratos de suministro.

3. c) Los de adquisición de programas de ordenador desarrollados a medida.

4. a) 5.538.000 euros.

5. c) Medioambientales.

6. a) No discriminación.

7. b) El 20 %.

8. b) Contratos de suministros.

9. a) Los 50.000 euros.

10. a) Los que impliquen ejercicio de la autoridad inherente a los poderes públicos.

11. c) De concesión de obras cuyo valor estimado sea igual o superior a 5.538.000 euros.

12. b) Quién asume el riesgo operacional.

13. a) A una obra completa.

14. a) Las autoridades administrativas independientes.

15. d) El contrato de colaboración público-privada.

16. b) Los contratos que tengan por objeto servicios relacionados con campañas políticas, cuando sean adjudicados por una Administración Pública.

17. d) 750.000 euros.

18. b) Aquellos que tengan por objeto la representación y defensa legal de un cliente por un procurador o un abogado, ya sea en un arbitraje o una conciliación celebrada en un Estado o ante una instancia internacional de conciliación o arbitraje, o ya sea en un procedimiento judicial ante los órganos jurisdiccionales o las autoridades públicas de un Estado o ante órganos jurisdiccionales o instituciones internacionales.

19. b) Contratos privados.

20. b) Sus efectos, modificación y extinción.

TEST N.º 12

**El Presupuesto de las Corporaciones Locales:
Contenido, aprobación, ejecución y liquidación.
Modificaciones presupuestarias. El gasto público local.
Especial referencia al Capítulo I**

1. Los Presupuestos Generales de las Entidades Locales constituyen de acuerdo con el Texto Refundido de la Ley Reguladora de las Haciendas Locales:

a) La expresión de las obligaciones que, como máximo, pueden reconocer la Entidad y sus Organismos Autónomos.

b) La expresión cifrada, conjunta y sistemática de las obligaciones que, como máximo, pueden reconocer la Entidad y sus Organismos Autónomos.

c) La expresión cifrada, general y sistemática de las obligaciones que, como máximo, pueden reconocer la Entidad y sus Organismos Autónomos.

d) La expresión contable, conjunta y sistemática de las obligaciones que, como máximo, pueden reconocer la Entidad y sus Organismos Autónomos.

2. Las Entidades Locales elaborarán y aprobarán anualmente un Presupuesto General en el que se integrarán:

a) El Presupuesto de los organismos autónomos dependientes.

b) Los estados de previsión de gastos e ingresos de las Sociedades Mercantiles cuyo capital social pertenezca íntegramente a la Entidad Local.

c) Las respuestas a) y b) son correctas.

d) El presupuesto agregado de la propia Entidad.

3. Es contenido mínimo de las Bases de Ejecución del Presupuesto deberá incluir:

a) Normas que regulen el procedimiento de ejecución del Presupuesto.

b) Regulación de las transferencias de créditos.

c) Niveles de vinculación jurídica de los créditos.

d) Todas respuestas son correctas.

4. ¿Qué norma regula la estructura de los Presupuestos de las Entidades Locales?

a) Orden EHA/3565/2006, de 3 de diciembre, por la que se aprueba la estructura de los Presupuestos de las Entidades Locales de los bienes de uso privado.

b) Orden EHA/3565/2008, de 3 de diciembre, por la que se aprueba la estructura de los Presupuestos de las Entidades Locales.

c) Orden de 20 de septiembre de 1989 por la que se establece la estructura de los presupuestos de las entidades locales.

d) Orden EHA/3565/2005, de diciembre, por la que se aprueba la estructura de los presupuestos de las entidades locales.

5. Dentro de las áreas de gasto del presupuesto, se incluye en el área de gasto 2 referente a Actuaciones de protección y promoción social:

a) Seguridad y movilidad ciudadana.

b) Pensiones.

c) Cultura.

d) Agricultura, ganadería y pesca.

6. ¿En qué área de gasto se incluye la política de gasto denominada "Infraestructuras"?

a) Actuaciones de carácter económico.

b) Actuaciones de carácter general.

c) Producción de bienes públicos de carácter preferente.

d) Deuda pública.

7. ¿En qué área de gasto se incluye la política de gasto denominada "Administración financiera y tributaria"?

a) Actuaciones de carácter general.

b) Actuaciones de carácter económico.

c) Actuaciones de protección y promoción social.

d) Producción de bienes públicos de carácter preferente.

8. ¿En qué área de gasto se incluye la política de gasto denominada "Sanidad"?

a) Producción de bienes públicos de carácter preferente.

b) Actuaciones de protección y promoción social.

c) Servicios públicos básicos.

d) Actuaciones de carácter general.

9. ¿En qué área de gasto se incluye la política de gasto denominada "Fomento del empleo"?

a) Servicios públicos básicos.

b) Actuaciones de protección y promoción social.

c) Actuaciones de carácter económico.
d) Actuaciones de carácter general.

10. En relación con la Clasificación Económica de los Gastos del Presupuesto de las Entidades Locales se distingue entre:

a) Operaciones abiertas y cerradas.
b) Operaciones limitadas y no limitadas.
c) Operaciones financieras y no financieras.
d) Operaciones a préstamo y liberadas.

11. El Fondo de Contingencia tiene como fin:

a) Atender al abono de los intereses de las operaciones de crédito.
b) Hacer frente a los gastos de contratación del personal laboral.
c) Completar aquellas aplicaciones presupuestarias que necesiten ser ampliadas.
d) Atender a las necesidades imprevistas, inaplazables y no discrecionales, para las que no exista crédito presupuestario o el previsto resulte insuficiente.

12. El Fondo de Contingencia y Otros Imprevistos se ha de incluir obligatoriamente en los Presupuestos:

a) De los municipios con población superior a 5.000 habitantes.
b) De las capitales de provincia.
c) De los municipios con población superior a 15.000 habitantes.
d) De los municipios con población superior a 25.000 habitantes.

13. Respecto a la Clasificación Económica de los Gastos del Presupuesto de las Entidades Locales, dentro del capítulo 1: Gastos de personal, se encuentra el gasto siguiente:

a) Gastos de naturaleza social.
b) Cotizaciones obligatorias de las entidades locales y de sus organismos autónomos a los distintos regímenes de Seguridad Social.
c) Retribuciones fijas y variables.
d) Todas las respuestas son verdaderas.

14. En relación con la Clasificación Económica de los Ingresos del Presupuesto de las Entidades Locales:

a) Se distinguen las operaciones no financieras de las financieras, subdividiéndose las segundas en operaciones corrientes y de capital.
b) Se distinguen las operaciones no financieras de las financieras, subdividiéndose las primeras en operaciones corrientes y de capital.
c) Se distinguen las operaciones no financieras, operaciones corrientes y de capital.
d) Se distinguen las operaciones no financieras de las financieras y de capital.

15. En relación con la Clasificación Económica de los Ingresos del Presupuesto de las Entidades Locales no forman parte de las operaciones corrientes:

a) Impuestos directos.
b) Transferencias de capital.
c) Tasas, precios públicos y otros ingresos.
d) Ingresos patrimoniales.

16. Dentro de los Pasivos Financieros se recoge:

a) El ingreso que obtienen las entidades locales y sus organismos autónomos por la enajenación de activos financieros.
b) La financiación de las entidades locales y sus organismos autónomos procedente de la emisión de Deuda Pública.
c) Las dos respuestas anteriores son correctas.
d) Ninguna respuesta es correcta.

17. ¿Quién forma el presupuesto de la Entidad Local?

a) El Presidente de la entidad.
b) El Interventor.
c) El Secretario.
d) El Tesorero.

18. Deberán unirse al presupuesto como documentación:

a) Anexo de las inversiones a realizar en un plazo de cuatro años.
b) Anexo de personal de la Entidad Local.
c) Liquidación de los presupuestos de ejercicios anteriores.
d) Todas las respuestas son verdaderas.

19. Aprobado inicialmente el presupuesto general, se expondrá al público, previo anuncio en el boletín oficial de la provincia o, en su caso, de la comunidad autónoma uniprovincial:

a) Por quince días.
b) Por treinta días.
c) Por veinte días.
d) Por cuarenta días.

20. El presupuesto se considerará definitivamente aprobado si durante el plazo de alegaciones:

a) No se hubiesen presentado reclamaciones.
b) Se hubieran presentado reclamaciones con falta de motivación.

c) Se hubieran presentado reclamaciones infundadas.

d) Se hubieran presentado reclamaciones extemporáneas o basadas en datos irreales.

21. Únicamente podrán entablarse reclamaciones contra el Presupuesto:

a) Por ser de manifiesta insuficiencia los ingresos con relación a los gastos.

b) Por no haberse ajustado su elaboración a los trámites legalmente establecidos al efecto.

c) Por no haberse ajustado su aprobación a los trámites legalmente establecidos al efecto.

d) Todas las respuestas son válidas.

22. Si al iniciarse el ejercicio económico no hubiese entrado en vigor el presupuesto correspondiente:

a) Se iniciará de nuevo todo el procedimiento de aprobación.

b) Dará lugar a una cuestión de confianza.

c) Se considerará automáticamente prorrogado el del anterior, con sus créditos iniciales.

d) Se adoptará una moción de censura.

23. Los Créditos extraordinarios son:

a) Aquellas modificaciones del Presupuesto de Gastos en los que el crédito previsto resulta insuficiente y no puede ser objeto de ampliación.

b) Aquella modificación del Presupuesto de gastos mediante la que, sin alterar la cuantía total del mismo, se imputa el importe total o parcial de un crédito a otras partidas presupuestarias con diferente vinculación jurídica.

c) Aquellas modificaciones del Presupuesto de Gastos, mediante las que se asigna crédito para la realización de un gasto específico y determinado que no puede demorarse hasta el ejercicio siguiente y para el que no existe crédito.

d) La incorporación de remanentes de crédito de ejercicio anterior.

24. Los créditos extraordinarios y los suplementos de crédito se podrán financiar indistintamente con el siguiente recurso:

a) Con cargo al Remanente Líquido de Tesorería.

b) Mediante anulaciones o bajas de créditos.

c) Las respuestas a y b son correctas.

d) Mediante la venta de bienes patrimoniales de la entidad local.

25. La aprobación de las transferencias de crédito entre distintos grupos de función será competencia:

a) Del órgano que señale las Bases de ejecución del presupuesto.

b) Del Pleno de la Corporación, salvo cuando las bajas y las altas afecten a créditos de personal.

c) Del Presidente de la entidad.

d) Las respuestas b) y c) son correctas.

26. Las transferencias de crédito de cualquier clase estarán sujetas a las siguientes limitaciones:

a) No afectarán a los créditos ampliables.
b) No afectarán a suplementos de crédito concedidos durante el ejercicio.
c) Solo podrán incrementar créditos en un cincuenta por ciento.
d) Las respuestas a) y c) son correctas.

27. Como consecuencia de la liquidación del presupuesto no deberá determinarse:

a) Los remanentes de los presupuestos de los cinco ejercicios anteriores.
b) Los derechos pendientes de cobro y las obligaciones pendientes de pago a 31 de diciembre.
c) El resultado presupuestario del ejercicio.
d) El remanente de Tesorería.

28. A la propuesta de los expedientes de concesión de créditos extraordinarios y suplementos de créditos se habrá de acompañar:

a) Una Memoria justificativa.
b) El estado de ingresos de la entidad.
c) El estado de gastos de la entidad.
d) Las respuestas b) y c) son correctas.

29. Contra la aprobación definitiva del Presupuesto podrá:

a) Interponerse directamente recurso contencioso-administrativo.
b) Interponerse directamente recurso ante el Tribunal de Cuentas.
c) Interponerse recurso de alzada ante el Pleno.
d) Ninguna respuesta es correcta.

30. Tendrán la consideración de interesados para presentar reclamaciones ante la aprobación inicial del presupuesto:

a) Las Cámaras Oficiales.
b) Los Sindicatos.
c) Cualquier ciudadano.
d) Las respuestas a) y b) son correctas.

31. El Presupuesto, con respecto a los gastos, es un/una:

a) Previsión.
b) Límite mínimo.
c) Límite cuantitativo.
d) Cálculo aproximado.

32. Las obligaciones reconocidas y los derechos liquidados se aplicarán a los Presupuestos:

a) Por su importe íntegro.
b) En ningún supuesto.
c) Minorándose.
d) Nada de lo anterior es cierto.

33. Las reglas que deben seguirse en la ejecución del Presupuesto se contienen en la/las/los:

a) Memoria del mismo.
b) Delegaciones de gastos.
c) Bases de Ejecución.
d) Estudios Financieros.

34. A la obligación de la Entidad de destinar los créditos al fin específico que se detalle en la plasmación escrita del Presupuesto, sin poder realizar cambios o traslados de los mismos a otros fines no recogidos en el nivel de que se trate se le denomina:

a) Regulación de las transferencias de créditos.
b) Acumulación de varias fases de la ejecución del Presupuesto.
c) Niveles de vinculación jurídica de los créditos.
d) Disponibilidad presupuestaria.

35. Debe acompañarse como Anexo al Presupuesto General de una Corporación el/los:

a) Presupuestos de los Organismos Autónomos dependientes de la misma.
b) Estados de previsión de gastos e ingresos de las Sociedades Mercantiles de capital íntegro de la Entidad.
c) Estado de consolidación del Presupuesto de la propia Entidad con el de todos los Presupuestos y estados de previsión de sus Organismos Autónomos y Sociedades Mercantiles.
d) Las respuestas a) y b) son ciertas.

36. Asimismo, debe unirse como Anexo el/los:

a) Niveles de vinculación jurídica de los créditos.
b) Presupuesto de los Organismos Autónomos dependientes de la Entidad.
c) Estados de Gastos.
d) Planes y programas de inversión y financiación.

37. Las estimaciones de los distintos recursos económicos a liquidar durante el ejercicio se contienen en/en el:

a) Estado de Ingresos.
b) Estado de previsión de gastos e ingresos.

c) Estado de Gastos.
d) Ninguno de ellos.

38. Por su parte, los créditos necesarios para atender el cumplimiento de las obligaciones ordinarias se contienen en/en el:

a) Estado de Ingresos.
b) Plan de Inversión.
c) Estado de Gastos.
d) Todos los anteriores.

39. El Plan de Inversiones de una Corporación debe coordinarse con el/los:

a) Planes de Etapas del Planeamiento Urbanístico.
b) Programa Financiero o de Financiación.
c) Planes de Inversiones de la Comunidad Autónoma.
d) Las respuestas a) y b) son ciertas.

40. Y debe completarse dicho Plan con el/los:

a) Programa de Actuación del Planeamiento Urbanístico.
b) Planes de Etapas del citado Planeamiento.
c) Planes de Inversión autonómicos.
d) Programa Financiero o de Financiación.

41. Este Plan de Inversiones se formula por un plazo de:

a) Ocho años.
b) Un año, prorrogable uno más.
c) Cuatro años.
d) Dos años.

42. Y se revisa con carácter:

a) Trimestral.
b) Anual.
c) Bianual.
d) Semestral.

43. De este Plan de Inversiones se da cuenta, en un Municipio de régimen común, al/a la:

a) Junta de Gobierno Local, al comienzo de cada ejercicio.
b) Pleno coincidiendo con la aprobación del Presupuesto.
c) Alcalde, cada mes.
d) Opinión pública, al finalizar el mandato de la Corporación.

44. Y al revisarlo:

a) Se liquida el mismo con carácter definitivo.
b) Se le añade un nuevo ejercicio a sus previsiones.
c) Censura la gestión de la Corporación.
d) Nada de lo anterior es correcto.

45. Los Presupuestos que se integran en el Presupuesto General de la Corporación deberán aprobarse:

a) Separadamente de este.
b) Con déficit equilibrado.
c) Sin déficit inicial.
d) Por el Alcalde.

46. Para que, a lo largo del ejercicio económico no se presente déficit en el Presupuesto:

a) Se compensarán en el mismo momento en que se acuerden los decrementos de los créditos y los incrementos de los ingresos.
b) Dicha compensación se efectuará respecto de los decrementos de los ingresos y los incrementos de los créditos.
c) No se llevará a cabo gasto alguno que lo provoque.
d) Se incrementarán los conceptos tributarios vigentes.

47. La estructura de los Presupuestos de las Corporaciones Locales se fija por el:

a) Presidente de las mismas.
b) Ministerio de Hacienda.
c) Pleno de ellas.
d) Interventor General de Fondos respectivo.

48. ¿Quién puede aprobar Reglamentos o Normas generales que desarrollen los procedimientos de ejecución del Presupuesto?

a) El Presidente de la Entidad Local.
b) La Junta General de la Entidad Local.
c) El Pleno de la Entidad Local.
d) El Alcalde de la Entidad Local.

49. Dentro de la clasificación por programas de los gastos, el Área de Gasto 1 se refiere a la:

a) Servicios públicos básicos.
b) Actuaciones de carácter económico.

c) Actuaciones de carácter general.
d) Actuaciones de protección y promoción social.

50. Las áreas de gasto se dividen con carácter inmediato en:

a) Grupos de programas.
b) Políticas de programas.
c) Políticas de gasto.
d) Capítulos de gasto.

51. En la Clasificación Económica de los Gastos no hay Capítulo:

a) De transferencias corrientes.
b) Número diez.
c) De gastos financieros.
d) De activos financieros.

52. Según la Clasificación Económica, los gastos se clasifican, dentro de las operaciones no financieras, en:

a) De obligaciones generales y obligaciones diversas.
b) De actividades generales y económicas.
c) Por objetivos.
d) De operaciones de capital y operaciones corrientes.

53. La política de gasto de los órganos de gobierno de una Corporación Local se incluye en la siguiente área de gasto:

a) 1.
b) 4.
c) 9.
d) 0.

54. Por su parte, la Cultura se incluye en la siguiente área de gasto:

a) 1.
b) 2.
c) 3.
d) 4.

55. Las partidas presupuestarias desarrollan, dentro de la Clasificación Económica de los gastos, los/las:

a) Subfunciones.
b) Subconceptos.

c) Programas.
d) Artículos.

56. El Capítulo 1 de la Clasificación Económica de los Gastos se refiere a:

a) Gastos financieros.
b) Transferencias corrientes.
c) Gastos de Personal.
d) Gastos de servicios.

57. La adquisición de activos financieros por las Entidades Locales, se recoge en el siguiente Capítulo de la Clasificación Económica de los Gastos:

a) 8.
b) 9.
c) 7.
d) 6.

58. Por su parte, dentro de dicha Clasificación, los gastos de indemnizaciones por razón del servicio a los funcionarios se recogen en el siguiente Capítulo:

a) Gastos de Personal.
b) Gastos en bienes corrientes y de servicios.
c) Transferencias corrientes.
d) Gastos Financieros.

59. En la Clasificación Económica de los Ingresos, la financiación de las Entidades procedente de la emisión de deuda pública se recoge en el siguiente Capítulo:

a) Transferencias corrientes.
b) Ingresos patrimoniales.
c) Pasivos Financieros.
d) Transferencias de capital.

60. El Presupuesto de las Entidades Locales legalmente debe aprobarse definitivamente:

a) Antes de concluir el ejercicio económico en el que haya de aplicarse.
b) Antes de concluir el ejercicio económico anterior a aquel en que vaya a regir.
c) Cuando lo estime oportuno la Corporación.
d) En el mes de enero del ejercicio económico a que se refiera.

61. A los efectos anteriores, el Presidente de la Corporación remitirá al Pleno de la misma el proyecto de Presupuesto:

a) Antes del 15 de octubre del año anterior al en que va a regir.
b) Al finalizar el ejercicio económico anterior.

c) Cuando se lo demande el propio Pleno.
d) El primer día hábil del mes de enero del ejercicio económico al que se refiera.

62. En el supuesto de que no esté aprobado el Presupuesto antes del primer día del ejercicio económico a que se refiera:

a) No puede realizarse gasto alguno hasta que no se efectúe dicha aprobación.
b) Incurrirá en responsabilidad contable el Presidente.
c) Deberá incoarse expediente de habilitación de créditos.
d) Se prorroga automáticamente el del ejercicio anterior.

63. La formación del Proyecto de Presupuesto, en un Municipio de régimen común, es competencia del:

a) Pleno de la Corporación.
b) Presidente de la misma.
c) Interventor General de Fondos.
d) Tesorero.

64. El plazo de exposición al público de un Presupuesto, tras su aprobación inicial es de:

a) Treinta días hábiles.
b) Quince días hábiles.
c) Quince días naturales.
d) Un mes.

65. El Pleno de la Corporación tiene de plazo para resolver las reclamaciones presentadas en el período de exposición al público del Presupuesto:

a) Dos meses.
b) Un mes.
c) Treinta días.
d) Veinte días.

66. Debe insertarse el Presupuesto íntegramente en el:

a) Diario de mayor difusión de la Provincia.
b) Boletín Oficial de la Corporación, si lo tuviere.
c) Boletín Oficial de la Provincia.
d) Tablón de Edictos de la Corporación.

67. El Presupuesto entrará en vigor desde:

a) Su aprobación definitiva por el Pleno.
b) La recepción de copia del mismo por la Administración del Estado y de la Comunidad Autónoma respectiva.

c) La publicación en el diario de mayor circulación de la Provincia.

d) El ejercicio correspondiente, una vez publicado en el boletín oficial de la corporación, si lo tuviera, y, resumido por capítulos de cada uno de los presupuestos que lo integran, en el de la provincia o, en su caso, de la Comunidad Autónoma uniprovincial.

68. Contra la aprobación definitiva del Presupuesto el recurso que puede interponerse es:

a) Obligatoriamente, el de reposición como previo a la vía contencioso-administrativa.
b) Ante el Tribunal de Cuentas.
c) El contencioso-administrativo, sin necesidad de previa reposición.
d) El económico-administrativo.

69. El informe del Tribunal de Cuentas está previsto para el supuesto de que:

a) El Presupuesto se apruebe fuera del plazo señalado para ello.
b) Cuando la impugnación se refiera a la nivelación presupuestaria.
c) Se opte por prescindir del período de exposición al público.
d) Se lo pida el Presidente de la Corporación.

70. El acto mediante el cual se declara la existencia de un crédito exigible contra la Entidad derivado de un gasto autorizado y comprometido se denomina:

a) Ordenación de pago.
b) Disposición de gasto.
c) Liquidación de la obligación.
d) Autorización del gasto.

71. Cuando haya de efectuarse un gasto que no tenga crédito previsto en el Presupuesto se:

a) Hace un nuevo Presupuesto.
b) Acude a un suplemento de crédito.
c) Acude a un crédito extraordinario.
d) Utiliza un crédito no afectado.

72. ¿Cómo se denominan aquellas modificaciones del Presupuesto de Gastos en los que, siendo necesario realizar un gasto específico y determinado que no puede demorarse hasta el ejercicio siguiente, el crédito previsto resulta insuficiente y no puede ser objeto de ampliación?

a) Crédito extraordinario.
b) Suplemento de crédito.
c) Ampliación de crédito.
d) Crédito ampliable.

73. El Remanente Líquido de Tesorería, con el que financiar un crédito extraordinario o un suplemento de crédito, se integra por:

a) Mayores ingresos efectivamente recaudados que los previstos.
b) Fondos líquidos y derechos pendientes de cobro.
c) Anulaciones o bajas de créditos.
d) Operaciones especiales de crédito.

74. Se puede acudir a una operación de crédito para dotar un crédito extraordinario o un suplemento de crédito, con el fin de atender nuevos gastos por operaciones corrientes, siempre que la carga financiera de la Entidad no supere el siguiente porcentaje:

a) 25 %.
b) 10 %.
c) 5 %.
d) 50 %.

75. En este caso, la operación de crédito ha de quedar cancelada:

a) Antes de que concluya el ejercicio económico en el que se contraiga.
b) Antes de dos años.
c) Antes de que se renueve la Corporación.
d) Utilizando créditos ampliables.

76. El expediente de habilitación de créditos ha de ser ejecutivo:

a) Después de renovarse la Corporación.
b) En cualquiera de los ejercicios que de mandato tenga la Corporación.
c) En el mismo ejercicio en el que se apruebe.
d) Cuando lo estime oportuno el Alcalde, según las necesidades planteadas.

77. El plazo para resolver una reclamación contra un acuerdo de habilitación de créditos por calamidades públicas es de:

a) Un mes.
b) Quince días.
c) Diez días.
d) Ocho días.

78. Tiene carácter inmediatamente ejecutivo un acuerdo sobre:

a) Habilitación de crédito extraordinario.
b) Habilitación de crédito extraordinario en caso de catástrofe pública.
c) Cualquier suplemento de crédito.
d) Ninguno de los anteriores.

79. La modificación del Presupuesto de gastos mediante la que, sin alterar la cuantía total del mismo, se imputa el importe total o parcial de un crédito a otras partidas presupuestarias con diferente vinculación jurídica se denomina:

a) Habilitación de créditos extraordinarios.
b) Transferencias de crédito.
c) Generaciones de créditos por ingresos.
d) Bajas por anulación.

80. El órgano competente para efectuar la liquidación del Presupuesto, en un Municipio de régimen común, es el/la:

a) Junta de Gobierno Local.
b) Pleno de la Corporación.
c) Tribunal de Cuentas.
d) Alcalde o Presidente.

81. ¿A quién corresponde la incoación del expediente de concesión de crédito extraordinario?

a) Al Pleno de la Entidad local.
b) A la Junta de Gobierno local.
c) Al Secretario de la Corporación local.
d) Al Presidente de la Entidad local.

82. Señala cuál de las siguientes no puede ser una modificación de crédito que se lleve a cabo en los Presupuestos de Gastos de la Entidad y de sus Organismos Autónomos:

a) La incorporación de remanentes de crédito de ejercicio anterior.
b) Las bajas por anulación.
c) La generación de créditos por ingresos.
d) Las transferencias de remanentes de otras entidades.

83. La confección de los estados demostrativos de la liquidación del Presupuesto de la Entidad local, deberá realizarse:

a) Antes del día 1 de marzo del ejercicio siguiente.
b) Antes del día 31 de diciembre del ejercicio actual.
c) Antes del día 31 de octubre del ejercicio siguiente.
d) Antes del día 1 de enero del ejercicio actual.

84. Los remanentes de crédito no estarán integrados por:

a) La diferencia entre los gastos dispuestos o comprometidos y las obligaciones reconocidas.
b) La suma de los créditos disponibles, créditos no disponibles y créditos retenidos pendientes de utilizar.

c) La diferencia entre los gastos reconocidos y las obligaciones pendientes de reconocer.

d) La diferencia entre los gastos autorizados y los gastos comprometidos.

85. Con carácter general, los remanentes de crédito, al cierre del ejercicio:

a) Quedarán anulados y no se podrán incorporar al Presupuesto del ejercicio siguiente.

b) Quedarán anulados pero se podrán incorporar al Presupuesto del ejercicio siguiente.

c) No son anulados y se podrán incorporar al Presupuesto del ejercicio siguiente.

d) Se incorporan al Presupuesto del ejercicio siguiente, en todo caso.

86. En relación con el gasto público local:

a) Consiste en la transformación de los ingresos de las Entidades Locales en rentas y patrimonios de otras personas.

b) Se produce una traslación del sector público al privado.

c) Se produce una traslación de signo contrario al ingreso público.

d) Todas las respuestas son correctas.

87. El régimen legal del gasto público se contiene en:

a) Texto Refundido de la Ley Reguladora de las Haciendas Locales, aprobado por el Real Decreto Legislativo 2/2004, de 25 de marzo y en el Real Decreto 500/1996, de 20 de abril.

b) Texto Refundido de la Ley Reguladora de las Haciendas Locales, aprobado por el Real Decreto Legislativo 2/2004, de 5 de marzo y en el Real Decreto 500/1990, de 20 de abril.

c) Texto Refundido de la Ley Reguladora de las Haciendas Locales, aprobado por el Real Decreto Legislativo 2/2014, de 5 de marzo y en el Real Decreto 500/1990, de 20 de abril.

d) Texto Refundido de la Ley Reguladora de las Haciendas Locales, aprobado por el Real Decreto Legislativo 2/2004, de 5 de marzo y en el Real Decreto 500/1995, de 20 de abril.

88. De acuerdo con el principio de especialidad de los gastos:

a) Los créditos para gastos se destinarán exclusivamente a la finalidad específica para la cual hayan sido autorizados en el Presupuesto.

b) Los créditos para gastos tienen la consideración de especiales tanto en su cuantía como en su ajuste contable.

c) Los créditos para gastos tienen la consideración de especiales y habrán de tener denominación especial.

d) Las respuestas a) y c) son correctas.

89. El hecho que los créditos para gastos tengan carácter limitativo y vinculante es una especialidad:

a) Bimodal.

b) Cualitativa.

c) Cuantitativa.

d) Presupuestaria.

90. Los acuerdos que infrinjan la norma relativa a que no podrán adquirirse compromisos de gastos por cuantía superior al importe de los créditos autorizados en los estados de gastos:

a) Podrán ser convalidados.
b) Podrán ser anulados.
c) Serán nulos de pleno derecho y sin perjuicio de las responsabilidades a que haya lugar.
d) Serán nulos de pleno derecho.

91. Solo podrán contraerse obligaciones derivadas de adquisiciones, obras, servicios y demás prestaciones o gastos en general que se realicen en el año natural del propio ejercicio presupuestario sin perjuicio de que se aplique el presupuesto vigente al pago de las siguientes obligaciones para:

a) Las respuestas b) y c) son correctas.
b). Las obligaciones derivadas de compromisos de gastos debidamente adquiridos en ejercicios anteriores.
c) Las obligaciones que resulten de la liquidación de atrasos a favor del personal que perciba sus retribuciones.
d) Las obligaciones derivadas de compromisos de gastos debidamente adquiridos.

92. ¿Solo se podrán dictar por los Tribunales providencias de embargo contra los siguientes bienes de la Hacienda Local?

a) Los bienes patrimoniales no afectados a un uso o servicio público.
b) Los bienes patrimoniales.
c) Los bienes de dominio público.
d) Los bienes destinados a un servicio público.

93. La autoridad administrativa encargada de la ejecución de las resoluciones judiciales acordará el pago en la forma y con los límites del respectivo Presupuesto, debiendo solicitar del Pleno, si fuere necesario un crédito extraordinario o un suplemento de crédito:

a) Dentro de los cuatro meses siguientes al día de notificación de la resolución judicial.
b) Dentro de los cinco meses siguientes al día de notificación de la resolución judicial.
c) Dentro de los tres meses siguientes al día de notificación de la resolución judicial.
d) Dentro de los seis meses siguientes al día de notificación de la resolución judicial.

94. Los gastos plurianuales constituyen una excepción al principio de:

a) De especialización.
b) De presupuesto cerrado.
c) De ejecución presupuestaria.
d) De especialidad temporal.

95. En relación con los gastos plurianuales:

a) La autorización o realización de los gastos de carácter plurianual se subordinará al crédito que para cada ejercicio autoricen los respectivos Presupuestos.

b) Las respuestas a) y c) son correctas.

c) Podrán adquirirse compromisos de gastos que hayan de extenderse a ejercicios posteriores a aquel en que se autoricen en los casos señalados en la ley.

d) Podrán adquirirse compromisos de gastos que hayan de extenderse a ejercicios posteriores a aquel en que se autoricen siempre que se justifiquen.

96. No podrán adquirirse compromisos de gastos que hayan de extenderse a ejercicios posteriores a aquel en que se autoricen en el caso siguiente:

a) Arrendamiento de bienes inmuebles.

b) Inversiones y transferencias de capital.

c) Cargas financieras de las deudas de la Entidad Local.

d) En todos estos supuestos se podrán adquirir compromisos de gastos.

97. En los casos de compromiso de gasto por inversiones y transferencias de capital el gasto que se impute a cada uno de los ejercicios futuros autorizados no podrá exceder de la cantidad que resulte de aplicar al crédito correspondiente del año en que la operación se comprometió los siguientes porcentajes:

a) En el ejercicio inmediato siguiente, el 80 por 100.

b) En el tercer y cuarto ejercicio, el 50 por 100.

c) En el segundo ejercicio, el 70 por 100.

d) En el ejercicio inmediato siguiente, el 60 por 100.

98. ¿Se podrán ampliar el número de anualidades de los compromisos de gasto para ejercicio futuros?

a) Sí.

b) En ningún caso.

c) Sí, en casos excepcionales, por el Pleno de la Corporación.

d) Solo por la Junta de Gobierno.

99. Los créditos para gastos que el último día del ejercicio presupuestario no estén afectados al cumplimiento de obligaciones ya reconocidas:

a) Serán nulos de pleno derecho.

b) Podrán ser anulados.

c) Quedarán anulados de pleno derecho, salvo en los supuestos previstos en la ley.

d) Ninguna respuesta es verdadera.

100. ¿A quién le corresponde ordenar la incoación del expediente de concesión de crédito extraordinario?

a) Al presidente de la Corporación en los municipios de régimen común.
b) Al presidente de la Corporación en todos los municipios.
c) A la Junta de Gobierno en los municipios de régimen común.
d) A la Junta de Gobierno en todos los municipios.

101. El no poder destinar un gasto a una finalidad distinta a la prevista es el principio de:

a) Especialidad cuantitativa.
b) Especialidad cualitativa.
c) Especialidad temporal.
d) Legalidad.

102. Por su parte, aquel por el que los gastos tienen carácter limitativo y vinculante es el de:

a) Especialidad cuantitativa.
b) Especialidad cualitativa.
c) Especialidad temporal.
d) Nivelación presupuestaria.

103. Un acto que comprometa un gasto sin consignación presupuestaria es:

a) Anulable.
b) Nulo de pleno derecho.
c) Irregular.
d) Competencia del Pleno.

104. Es una excepción al principio de especialidad temporal el pago de obligaciones:

a) De todo tipo.
b) Derivadas de compromisos de gastos debidamente adquiridos en ejercicios anteriores.
c) En mayor cuantía a la prevista en el Presupuesto.
d) Resultantes de anticipos al personal.

105. El plazo para solicitar un crédito extraordinario con el que pagar una cantidad impuesta por resolución judicial es de:

a) Seis meses.
b) Tres meses.
c) Un mes.
d) No está previsto.

106. Este plazo se computa desde el día en que:

a) Reclamó el particular interesado.
b) Se interpuso el recurso contencioso-administrativo.
c) Se notificó la resolución judicial.
d) Recayó dicha resolución judicial.

107. Los gastos plurianuales constituyen una excepción al principio de especialidad:

a) Cuantitativa.
b) Temporal.
c) Cualitativa.
d) En todas sus vertientes.

108. Estos gastos no pueden contraerse respecto de:

a) Inversiones y transferencias de capital.
b) Arrendamiento de bienes muebles.
c) Cargas financieras de las deudas de la Entidad Local.
d) Ninguno de los anteriores supuestos.

109. En el caso de inversiones y transferencias de capital que se sufraguen con gastos plurianuales, en el ejercicio inmediato siguiente el gasto que se impute no debe exceder del:

a) 50 %.
b) 60 %.
c) 70 %.
d) 25 %.

110. Como regla general, el número de ejercicios a que pueden aplicarse estos gastos plurianuales no debe exceder de:

a) Los que queden de mandato a la Corporación.
b) Cuatro.
c) Tres.
d) Los que señale en cada caso el Presidente de la Corporación.

111. Los créditos para gastos que no se utilicen en el ejercicio económico, a su finalización:

a) Se acumulan al ejercicio siguiente.
b) Se anulan generalmente, constituyendo resultas.
c) Se deben gastar antes del fin del ejercicio.
d) Ninguna de las respuestas anteriores es correcta.

112. El crédito que puede ver incrementada su cuantía en un ejercicio económico en función de los recursos afectados recibe la denominación de:

a) Extraordinario.
b) Suplementario.
c) Plurianual.
d) Ampliable.

113. El órgano competente para ordenar la incoación de una habilitación de crédito, en un Municipio de régimen común, es el/la:

a) Tesorero.
b) Pleno.
c) Presidente.
d) Junta de Gobierno Local.

Solución al test n.º 12

1. b) La expresión cifrada, conjunta y sistemática de las obligaciones que, como máximo, pueden reconocer la Entidad y sus Organismos Autónomos.

2. c) Las respuestas a) y b) son correctas.

3. d) Todas respuestas son correctas.

4. b) Orden EHA/3565/2008, de 3 de diciembre, por la que se aprueba la estructura de los Presupuestos de las Entidades Locales.

5. b) Pensiones.

6. a) Actuaciones de carácter económico.

7. a) Actuaciones de carácter general.

8. a) Producción de bienes públicos de carácter preferente.

9. b) Actuaciones de protección y promoción social.

10. c) Operaciones financieras y no financieras.

11. d) Atender a las necesidades imprevistas, inaplazables y no discrecionales, para las que no exista crédito presupuestario o el previsto resulte insuficiente.

12. b) De las capitales de provincia.

13. d) Todas las respuestas son verdaderas.

14. b) Se distinguen las operaciones no financieras de las financieras, subdividiéndose las primeras en operaciones corrientes y de capital.

15. b) Transferencias de capital.

16. b) La financiación de las entidades locales y sus organismos autónomos procedente de la emisión de Deuda Pública.

17. a) El Presidente de la entidad.

18. b) Anexo de personal de la Entidad Local.

19. a) Por quince días.

20. a) No se hubiesen presentado reclamaciones.

21. d) Todas las respuestas son válidas.

22. c) Se considerará automáticamente prorrogado el del anterior, con sus créditos iniciales.

23. c) Aquellas modificaciones del Presupuesto de Gastos, mediante las que se asigna crédito para la realización de un gasto específico y determinado que no puede demorarse hasta el ejercicio siguiente y para el que no existe crédito.

24. c) Las respuestas a y b son correctas.

25. b) Del Pleno de la Corporación, salvo cuando las bajas y las altas afecten a créditos de personal.

26. a) No afectarán a los créditos ampliables.

27. a) Los remanentes de los presupuestos de los cinco ejercicios anteriores.

28. a) Una Memoria justificativa.

29. a) Interponerse directamente recurso contencioso-administrativo.

30. d) Las respuestas a) y b) son correctas.

31. c) Límite cuantitativo.

32. a) Por su importe íntegro.

33. c) Bases de Ejecución.

34. c) Niveles de vinculación jurídica de los créditos.

35. c) Estado de consolidación del Presupuesto de la propia Entidad con el de todos los Presupuestos y estados de previsión de sus Organismos Autónomos y Sociedades Mercantiles.

36. d) Planes y programas de inversión y financiación.

37. a) Estado de Ingresos.

38. c) Estado de Gastos.

39. a) Planes de Etapas del Planeamiento Urbanístico.

40. d) Programa Financiero o de Financiación.

41. c) Cuatro años.

42. b) Anual.

43. b) Pleno coincidiendo con la aprobación del Presupuesto.

44. b) Se le añade un nuevo ejercicio a sus previsiones.

45. c) Sin déficit inicial.

46. b) Dicha compensación se efectuará respecto de los decrementos de los ingresos y los incrementos de los créditos.

47. b) Ministerio de Hacienda.

48. c) El Pleno de la Entidad Local.

49. a) Servicios públicos básicos.

50. c) Políticas de gasto.

51. b) Número diez.

52. d) De operaciones de capital y operaciones corrientes.

53. c) 9.

54. c) 3.

55. b) Subconceptos.

56. c) Gastos de Personal.

57. a) 8.

58. a) Gastos de Personal.

59. c) Pasivos Financieros.

60. b) Antes de concluir el ejercicio económico anterior a aquel en que vaya a regir.

61. a) Antes del 15 de octubre del año anterior en que va a regir.

62. d) Se prorroga automáticamente el del ejercicio anterior.

63. b) Presidente de la misma.

64. b) Quince días hábiles.

65. b) Un mes.

66. b) Boletín Oficial de la Corporación, si lo tuviere.

67. d) El ejercicio correspondiente, una vez publicado en el boletín oficial de la corporación, si lo tuviera, y, resumido por capítulos de cada uno de los presupuestos que lo integran, en el de la provincia o, en su caso, de la Comunidad Autónoma uniprovincial.

68. c) El contencioso-administrativo, sin necesidad de previa reposición.

69. b) Cuando la impugnación se refiera a la nivelación presupuestaria.

70. c) Liquidación de la obligación.

71. c) Acude a un crédito extraordinario.

72. b) Suplemento de crédito.

73. b) Fondos líquidos y derechos pendientes de cobro.

74. a) 25 %.

75. c) Antes de que se renueve la Corporación.

76. c) En el mismo ejercicio en el que se apruebe.

77. d) Ocho días.

78. b) Habilitación de crédito extraordinario en caso de catástrofe pública.

79. b) Transferencias de crédito.

80. d) Alcalde o Presidente.

81. d) Al Presidente de la Entidad local.

82. d) Las transferencias de remanentes de otras entidades.

83. a) Antes del día 1 de marzo del ejercicio siguiente.

84. c) La diferencia entre los gastos reconocidos y las obligaciones pendientes de reconocer.

85. a) Quedarán anulados y no se podrán incorporar al Presupuesto del ejercicio siguiente.

86. d) Todas las respuestas son correctas.

87. b) Texto Refundido de la Ley Reguladora de las Haciendas Locales, aprobado por el Real Decreto Legislativo 2/2004, de 5 de marzo y en el Real Decreto 500/1990, de 20 de abril.

88. a) Los créditos para gastos se destinarán exclusivamente a la finalidad específica para la cual hayan sido autorizados en el Presupuesto.

89. c) Cuantitativa.

90. c) Serán nulos de pleno derecho y sin perjuicio de las responsabilidades a que haya lugar.

91. a) Las respuestas b) y c) son correctas.

92. a) Los bienes patrimoniales no afectados a un uso o servicio público.

93. c) Dentro de los tres meses siguientes al día de notificación de la resolución judicial.

94. d) De especialidad temporal.

95. b) Las respuestas a) y c) son correctas.

96. d) En todos estos supuestos se podrán adquirir compromisos de gastos.

97. b) En el tercer y cuarto ejercicio, el 50 por 100.

98. c) Sí, en casos excepcionales, por el Pleno de la Corporación.

99. c) Quedarán anulados de pleno derecho, salvo en los supuestos previstos en la ley.

100. a) Al presidente de la Corporación en los municipios de régimen común.

101. b) Especialidad cualitativa.

102. a) Especialidad cuantitativa.

103. b) Nulo de pleno derecho.

104. b) Derivadas de compromisos de gastos debidamente adquiridos en ejercicios anteriores.

105. b) Tres meses.

106. c) Se notificó la resolución judicial.

107. b) Temporal.

108. b) Arrendamiento de bienes muebles.

109. c) 70 %.

110. b) Cuatro.

111. b) Se anulan generalmente, constituyendo resultas.

112. d) Ampliable.

113. c) Presidente.

TEST N.º 13

Los recursos de las entidades Locales.
Los impuestos municipales. IBI, IAE, IVTM, IVTNU e ICIO

1. La principal fuente de financiación de las Haciendas Locales son los/las:

a) Créditos obtenidos de las instituciones financieras.
b) Ingresos de Derecho Privado.
c) Tributos propios.
d) Prestaciones personales de los vecinos.

2. Nuestra vigente Constitución, respecto de las Haciendas Locales, consagra el principio de:

a) Autodeterminación.
b) Suficiencia.
c) Autonomía.
d) Dependencia del Estado.

3. Para alcanzar dicho principio, en relación con los tributos del Estado y de las Comunidades Autónomas, las Haciendas Locales:

a) Se encargarán de gestionarlos y recaudarlos.
b) Percibirán las cantidades abonadas por los mismos.
c) Participarán de los resultados de dichos tributos.
d) Determinarán cuáles se implantan en el respectivo territorio de la Entidad Local de que se trate.

4. En cualquier caso, los recursos con que cuenten las Haciendas Locales:

a) Han de ser suficientes para el cumplimiento de los fines de las Entidades Locales.
b) Deben tener carácter tributario.
c) Solo deben gestionarse por las propias Haciendas Locales.
d) Todo lo anterior es correcto.

5. Y estos recursos han de estar previstos, previa y originariamente, en un/una:

a) Ley ordinaria de las Cortes Generales.
b) Ley de los Parlamentos Autonómicos.
c) Ordenanza Fiscal de la propia Entidad.
d) Reglamento de carácter general.

6. Es una figura tributaria un/una:

a) Precio público.
b) Operación de crédito.
c) Tasa.
d) Subvención.

7. También lo es un/una:

a) Precio público.
b) Subvención.
c) Multa.
d) Contribución especial.

8. La potestad tributaria de las Entidades Locales:

a) No tiene base legal alguna.
b) Es de carácter derivado o secundario.
c) En su territorio, tiene mayor valor que la propia del Estado.
d) La tienen reservada para la creación de sus propios tributos.

9. En cuanto a la posibilidad de dictar las Entidades Locales normas reglamentarias en esta materia:

a) Se manifiesta a través de Reglamentos Generales de Recaudación.
b) Se realiza mediante Bandos de los Alcaldes.
c) No se le reconoce legalmente.
d) Es requisito *sine qua non* para que puedan exigir sus tributos.

10. La figura a través de la cual se realiza dicha normación en esta materia por una Entidad Local es un/una:

a) Ley.
b) Ordenanza Fiscal.
c) Reglamento General.
d) Bando.

11. Respecto de los tributos previamente creados por una ley estatal como propios de las Entidades Locales, estas tienen:

a) Autonomía para establecerlos y exigirlos.
b) Que delegar en el Estado su gestión y recaudación.

c) Actuar al dictado de lo que señalen las Comunidades Autónomas respectivas.

d) Que ceder su aprovechamiento al propio Estado.

12. En relación con la gestión, recaudación e inspección de sus tributos propios, las Entidades Locales pueden:

a) Descentralizarlas en Entidades inferiores.

b) Concederlas a un particular o una empresa privada con personalidad jurídica.

c) Desconcentrarlas en otra Administración Pública.

d) Delegarlas en una Entidad Local de ámbito superior.

13. Asimismo, respecto de estas materias y en relación con el Estado, pueden:

a) Desconcentrarle las competencias.

b) Descentralizarle las mismas.

c) Establecer mecanismos de colaboración.

d) Delegarle estas competencias.

14. En defecto de su legislación específica, debe aplicarse en esta materia la ley:

a) General Presupuestaria.

b) De Presupuestos Generales del Estado de cada año.

c) Del Procedimiento Administrativo Común de las Administraciones Públicas.

d) General Tributaria.

15. Tienen carácter privado los ingresos procedentes del/de los:

a) Tributos en general.

b) Tributos del Estado.

c) Patrimonio.

d) Precios públicos.

16. Para la cobranza de sus tributos, las Entidades Locales:

a) No gozan de privilegios o prerrogativas.

b) Tienen los propios del Estado.

c) Han de utilizar los servicios propios del Estado.

d) Deben constituir Entidades de Crédito.

17. Los ingresos que procedan de los bienes de dominio público local tienen la consideración de:

a) Derecho Público.

b) Derecho Privado.

c) Tributos en cualquier caso.

d) Atípicos.

18. En cambio, los rendimientos derivados del patrimonio de las Entidades Locales se consideran ingresos de:

a) Derecho Público.
b) Derecho Privado.
c) Carácter tributario.
d) Carácter excepcional.

19. Una condición para considerar de carácter privado los ingresos derivados de un derecho real en favor de una Entidad es que:

a) Sean tributarios.
b) Dicho derecho real no se halle afecto a un uso o servicio público.
c) No posea este tipo de derecho la susceptibilidad de valoración económica.
d) Todo lo anterior es correcto.

20. La adquisición de un bien donado por un particular se considera, a estos efectos:

a) Ingreso de dominio público local.
b) Ingreso de Derecho Público.
c) Ingreso de Derecho Privado.
d) Contribución especial.

21. Lo que abona un particular por la prestación de un servicio público que le afecta o beneficia, siendo de recepción obligatoria, es un/una:

a) Impuesto.
b) Contribución especial.
c) Tasa.
d) Precio público.

22. Si dicho servicio público no fuera de recepción obligatoria, el particular abonaría un/una:

a) Impuesto.
b) Contribución especial.
c) Tasa.
d) Precio público.

23. En los Municipios de gran población, el titular del órgano de gestión presupuestaria puede ser:

a) Un miembro de la Corporación.
b) Un funcionario de Administración Local con Habilitación de carácter Nacional necesariamente.

c) Un funcionario de la propia Corporación.
d) Ninguno de los anteriores.

24. La Intervención General Municipal, en los Municipios de gran población, ejerce las funciones de:

a) Control y fiscalización interna de la gestión económico-financiera y presupuestaria.
b) Contabilidad.
c) Tesorería.
d) Todas las anteriores son ejercidas por la misma.

25. Cuando una Entidad Local realiza una obra pública, en virtud de la cual un ciudadano experimenta en sus bienes un incremento de valor, puede exigirle el pago de un/una:

a) Impuesto.
b) Contribución especial.
c) Tasa.
d) Precio público.

26. En dicho supuesto, la recaudación que se obtenga se destinará a:

a) Sufragar obras de beneficencia.
b) Pagar los gastos de la obra.
c) Incrementar los fondos de la Caja de la Corporación.
d) Cualquiera de las anteriores finalidades.

27. Es de carácter obligatorio su establecimiento y exigencia, para los Ayuntamientos, el Impuesto sobre:

a) El Incremento de Valor de los Terrenos de Naturaleza Urbana.
b) Circulación de Vehículos.
c) Construcciones, Instalaciones y Obras.
d) Vehículos de Tracción Mecánica.

28. Asimismo lo es el Impuesto sobre:

a) La Radicación.
b) Actividades Económicas.
c) Construcciones, Instalaciones y Obras.
d) El Incremento de Valor de los Terrenos de Naturaleza Urbana.

29. En cambio, es potestativo para el Ayuntamiento el establecimiento y exigencia del Impuesto sobre:

a) Actividades Económicas.
b) Vehículos de Tracción Mecánica.

c) Construcciones, Instalaciones y Obras.
d) Bienes Inmuebles.

30. Los vehículos gravados por el Impuesto sobre Vehículos de Tracción Mecánica, han de:

a) Pertenecer a una Administración Pública como regla general.
b) Ser aptos para circular por vías públicas.
c) Ser destinados a su circulación exclusiva por vías privadas.
d) Las respuestas b) y c) son ciertas.

31. La figura impositiva que ha sustituido al desaparecido Impuesto Municipal de Solares es el Impuesto sobre:

a) Construcciones, Instalaciones y Obras.
b) Actividades Económicas.
c) Incremento de Valor de los Terrenos de Naturaleza Urbana.
d) Bienes Inmuebles.

32. Y la que ha sustituido al Impuesto Municipal sobre la Radicación es el Impuesto sobre:

a) Bienes Inmuebles.
b) Actividades Económicas.
c) Construcciones, Instalaciones y Obras.
d) Ninguno de los anteriores.

33. Los beneficios fiscales en los tributos locales han de estar reconocidos originariamente:

a) Por el Pleno de la Corporación.
b) En norma con rango de ley.
c) En la correspondiente Ordenanza Fiscal.
d) En la Ley General Tributaria.

34. Tiene el carácter de tributo indirecto el Impuesto sobre:

a) Actividades Económicas.
b) Incremento de Valor de los Terrenos de Naturaleza Urbana.
c) Construcciones, Instalaciones y Obras.
d) Vehículos de Tracción Mecánica.

35. En el Impuesto sobre el Incremento de Valor de los Terrenos de Naturaleza Urbana:

a) Se paga dicho incremento por la mera posesión de dichos bienes, unida al transcurso de los años.
b) El citado incremento ha de ponerse de manifiesto, por ejemplo, al transmitirse la propiedad del bien de que se trate.

c) Se grava cualquier terreno, al margen de su clasificación y calificación urbanística.

d) El incremento de que se trata ha de revertir a la colectividad en su integridad.

36. Respecto de las Áreas Metropolitanas está previsto el establecimiento de recargos sobre el siguiente Impuesto:

a) Construcciones, Instalaciones y Obras.

b) Actividades Económicas.

c) Incremento de Valor de los Terrenos de Naturaleza Urbana.

d) Bienes Inmuebles.

37. En relación con algún tributo de una Entidad Local, hay una previsión legal de establecimiento por otra Entidad de este tipo de un/una:

a) Impuesto.

b) Participación.

c) Recargo.

d) Precio Público.

38. Las operaciones de crédito a que pueden acudir las Entidades Locales no pueden instrumentarse a través de:

a) Hipotecas sobre los bienes patrimoniales de la Entidad.

b) Emisión de Deuda Pública.

c) Sustitución total o parcial de una operación de crédito preexistente.

d) Las respuestas a) y c) son ciertas.

39. Este tipo de crédito ha de ser:

a) A medio y largo plazo.

b) A corto y largo plazo.

c) Destinado a obras de mantenimiento.

d) Concertado necesariamente con Entidades Públicas.

40. Por el aprovechamiento especial del dominio público las Entidades Locales han de exigir un/una:

a) Contribución especial.

b) Precio público.

c) Tasa.

d) Prestación personal.

41. De los siguientes ingresos, han de destinarse precisamente a los fines por los que se establecen:

a) Los impuestos.

b) Las subvenciones.

c) Las contribuciones especiales.

d) Las respuestas b) y c) son ciertas.

42. El recurso de reposición contra una Ordenanza Fiscal:

a) Ha de interponerse a partir de su publicación en el Boletín Oficial de la Provincia o, en su caso, de la Comunidad Autónoma uniprovincial.

b) Puede interponerse desde el momento mismo de la aprobación definitiva de dicha Ordenanza.

c) Ha de basarse en las alegaciones efectuadas en el período de información pública habido en la tramitación de dicha Ordenanza.

d) Es inadmisible.

43. El recurso de reposición, en relación con los actos sobre aplicación y efectividad de un tributo local, en un Municipio de régimen común, es:

a) Inadmisible.

b) Potestativo para el particular.

c) Obligatorio.

d) El único posible en vía administrativa.

44. El ejercicio de la potestad de revisión de los actos dictados en vía de gestión tributaria se reserva al/a la:

a) Jurisdicción Contencioso-Administrativa.

b) Pleno de la Corporación.

c) Presidente de la Corporación.

d) Tribunal Económico-Administrativo competente.

45. Para que pueda producirse una compensación de deudas de una Entidad Local:

a) Ha de tenerla con un particular necesariamente.

b) Debe estar pendiente de exigirse.

c) No ha de haberse liquidado, produciéndose esta liquidación al efectuar dicha compensación.

d) Nada de lo anterior es correcto.

46. Las Licencias Fiscales de Actividades Comerciales e Industriales y de Profesionales y Artistas han sido sustituidas por el Impuesto sobre:

a) Bienes Inmuebles.

b) Instalaciones y Obras.

c) Actividades Económicas.

d) Ninguno de ellos.

47. Es facultativa para los Ayuntamientos la implantación del Impuesto sobre:

a) Incremento de Valor de los Terrenos de Naturaleza Urbana.
b) Vehículos de Tracción Mecánica.
c) Actividades Económicas.
d) Bienes Inmuebles.

48. En el Impuesto sobre Bienes Inmuebles se grava, respecto de los terrenos a que se refiere:

a) La mera pertenencia a un sujeto pasivo.
b) El valor de los mismos.
c) Cualquier derecho, real o personal, que se constituya en ellos.
d) Todo lo anterior.

49. El hecho imponible del Impuesto sobre Bienes Inmuebles viene constituido por el/la:

a) Propiedad de los bienes inmuebles.
b) Titularidad de un derecho real de usufructo o de superficie, o de la concesión administrativa sobre dichos bienes o sobre los servicios públicos a que estén afectados.
c) Valor de los bienes.
d) Las respuestas a) y b) son ciertas.

50. A los efectos del Impuesto sobre Bienes Inmuebles, la consideración de bienes inmuebles rústicos, de bienes inmuebles urbanos y de bienes inmuebles de características especiales se define por:

a) Cada Ayuntamiento, a través de acuerdo plenario.
b) El Plan General de Ordenación urbana vigente en cada Municipio.
c) Las normas reguladoras del Catastro Inmobiliario.
d) Las Ordenanzas Fiscales del Ayuntamiento.

51. Si un mismo inmueble se encuentra localizado en distintos términos municipales, se entenderá, a efectos del Impuesto sobre Bienes Inmuebles, que pertenece:

a) Al Municipio de mayor población.
b) A cada uno de los Municipios afectados, por partes iguales.
c) A cada uno de los Municipios, por la superficie real que ocupe en su término.
d) Al Municipio en el que tenga mayor superficie.

52. Para que una carretera no esté sujeta al Impuesto sobre Bienes Inmuebles, debe ser:

a) De titularidad privada.
b) Patrimonial del Estado.

c) De peaje.

d) De aprovechamiento público y gratuito para los usuarios.

53. Están exentos de pagar este Impuesto los bienes inmuebles que pertenezcan al/a la:

a) Estado.

b) Cruz Roja.

c) Comunidad Autónoma.

d) Todos los anteriores.

54. El valor catastral de los bienes se determinará por el/las:

a) Normas del Catastro Inmobiliario.

b) Normas de expropiación forzosa.

c) Pleno de cada Ayuntamiento.

d) Normas Urbanísticas del Plan General de Ordenación.

55. La cuota íntegra se obtiene de aplicar el tipo de gravamen al/a la:

a) Hecho imponible.

b) Cuota tributaria.

c) Base liquidable.

d) Sujeto pasivo.

56. Una vez hechas en la base imponible las reducciones que procedan, se obtiene el/la:

a) Tipo de gravamen.

b) Cuota.

c) Base liquidable.

d) Nada de lo anterior.

57. La bonificación prevista sobre bienes inmuebles que constituyan el objeto de la actividad de las empresas de construcción y no figuren entre los bienes de su inmovilizado, en ningún caso puede exceder de:

a) Un año desde el comienzo de la construcción.

b) Un año desde que se inició la urbanización.

c) Tres períodos impositivos a contar desde el siguiente a la iniciación de la urbanización o construcción.

d) Las respuestas a) y b) son correctas.

58. El Impuesto sobre Bienes Inmuebles se devenga:

a) El primer día del período impositivo.

b) Al final de este período impositivo.

c) Con motivo de la venta de los bienes a él sujetos.
d) Cada cinco años.

59. La revisión de los actos dictados en vía de gestión tributaria en el Impuesto sobre Bienes Inmuebles, corresponde al/a la:

a) Propio Ayuntamiento.
b) Centro de Gestión Catastral y Cooperación Tributaria.
c) Delegación del Ministerio de Hacienda de cada Provincia.
d) Dirección General del Catastro.

60. El Impuesto sobre Actividades Económicas en un tributo:

a) Directo y real.
b) Directo y personal.
c) Indirecto y real.
d) Indirecto y personal.

61. Para que las actividades ganaderas estén gravadas por el Impuesto sobre Actividades Económicas:

a) Han de tener carácter dependiente.
b) Deben desarrollarse mediante la estabulación del ganado fuera de las fincas rústicas.
c) Ha de tratarse de ganado trashumante o transterminante.
d) Las respuestas b) y c) son correctas.

62. No constituyen hecho imponible del Impuesto sobre Actividades Económicas la/las:

a) Actividades ganaderas independientes.
b) Actividades mineras.
c) Venta de productos que se reciben en pago de trabajos personales.
d) Ventas reiteradas de artículos al por menor.

63. La cuota tributaria en el Impuesto sobre Actividades Económicas, resulta de:

a) Aplicar las tarifas del mismo y, en su caso, el coeficiente y las bonificaciones previstos por la ley y acordados por cada Ayuntamiento.
b) La realización de la actividad gravada por el mismo.
c) Un porcentaje fijo por cada actividad gravada.
d) Lo que determine cada año el Presupuesto de cada Ayuntamiento.

64. La liquidación, recaudación y revisión de los actos dictados en vía de gestión tributaria del Impuesto sobre Actividades Económicas, es competencia del/de la:

a) Centro de Gestión Catastral y Cooperación Tributaria.
b) Ayuntamiento respectivo.

c) Administración Tributaria del Estado.
d) Ninguno de los anteriores.

65. La cifra de negocios que exime de estar sujeto al pago del Impuesto sobre Actividades Económicas en determinados casos, ha de ser inferior a:

a) Un millón de euros.
b) Dos millones de euros.
c) Diez millones de euros.
d) No hay fijada una en concreto.

66. En el supuesto de espectáculos aislados, este Impuesto sobre Actividades Económicas se devenga:

a) Globalmente, cada año.
b) Considerando los realizados cada semestre.
c) Trimestralmente.
d) Al realizarse cada uno de ellos.

67. Con carácter general, el período impositivo en el Impuesto sobre Actividades Económicas, coincide con el:

a) Comienzo y fin de cada actividad gravada por el mismo.
b) Primer día del año natural.
c) Cada año natural.
d) Comienzo de la actividad, durante los años que dure.

68. Un vehículo dado de baja por antigüedad, pero autorizado para circular excepcionalmente con ocasión de un certamen o exhibición, a los efectos del Impuesto sobre Vehículos de Tracción Mecánica:

a) Está sujeto en su integridad.
b) Goza de una bonificación del 90 %.
c) Solo es gravado proporcionalmente por el tiempo en que sea utilizado en dichos certamen o exhibición.
d) No está sujeto.

69. Los coches adaptados para la conducción por disminuidos físicos, a efectos del Impuesto sobre Vehículos de Tracción Mecánica:

a) Están exentos en todo caso.
b) Quedan exentos cuando la minusvalía del titular sea igual o superior al 33%.
c) Solo son objeto de una bonificación.
d) Están sujetos como cualquier vehículo.

70. Está exento de pagar del Impuesto sobre Vehículos de Tracción Mecánica un vehículo:

a) Con permiso temporal.
b) De representación diplomática.
c) Con matrícula turística.
d) Dado de alta.

71. La modificación por los Ayuntamientos de las cuotas fijadas en el Impuesto sobre Vehículos de Tracción Mecánica, ha de realizarse en función del/de la/de los:

a) Población del Municipio de que se trate.
b) Hecho de que el vehículo sea de primera o segunda u otras adquisiciones.
c) Caballos fiscales de cada vehículo.
d) Concurrencia de cualquiera de los tres supuestos anteriores.

72. En el caso de que a mediados del año se adquiera un vehículo de otro propietario, ya, por lo tanto, matriculado:

a) El período impositivo comenzará desde dicho momento.
b) Se prorrateará la cuota por trimestres naturales.
c) El segundo adquirente pagará al Ayuntamiento la parte proporcional que le corresponda.
d) Nada de lo anterior es cierto.

73. Si una Comunidad Autónoma establece un Impuesto sobre la materia propia del Impuesto sobre Vehículos de Tracción Mecánica:

a) Se suprimirá este en dicha Comunidad Autónoma.
b) Solo será objeto de supresión en los Municipios que así lo acuerden.
c) Se reducirá del importe del Impuesto Municipal lo que se pague a la Comunidad Autónoma.
d) Se cobrará ambos Impuestos, sin rebaja de tipo alguno.

74. En caso de baja del vehículo durante el año natural, la cuota del Impuesto sobre Vehículos de Tracción Mecánica se:

a) Prorratea por semestres.
b) Prorratea por trimestres.
c) Paga íntegramente.
d) Cobra al chatarrista.

75. El hecho de no obtener Licencia de Obras y realizarlas, a los efectos del Impuesto sobre Construcciones, Instalaciones y Obras:

a) No exime de su pago.
b) Al no estar fiscalizadas municipalmente dichas obras, no puede quedar sujeto al Impuesto.
c) Supone un recargo en el mismo, en el que se contemple la infracción urbanística realizada.
d) Las respuestas a) y c) son correctas.

76. La base imponible en el Impuesto sobre Construcciones, Instalaciones y obras está constituida por:

a) El coste real y efectivo de la construcción, instalación u obra.
b) Un 2% de dicho coste.
c) La mera realización de las actividades gravadas.
d) La autoliquidación que efectúen los interesados.

77. El devengo del Impuesto sobre Construcciones, Instalaciones y obras se produce:

a) Cuando se pida la Licencia de Obras.
b) Al iniciarse la construcción, instalación u obra.
c) Al concluirse dichas construcción, instalación u obras.
d) El primer día del año natural.

78. Las Ordenanzas Fiscales pueden regular una bonificación sobre la cuota del Impuesto sobre Construcciones, Instalaciones y obras, a favor de obras declaradas de interés especial, de cómo máximo hasta el:

a) 95 %.
b) 50 %.
c) 60 %.
d) 90 %.

79. El sujeto pasivo del Impuesto sobre el Incremento del Valor de los Terrenos de Naturaleza Urbana, al transmitirse los mismos, es el:

a) Adquirente, si la transmisión es a título lucrativo.
b) Adquirente, si la transmisión es a título oneroso.
c) Transmitente, si la transmisión es a título lucrativo.
d) Adquirente o Transmitente, indistintamente.

80. El incremento puesto de manifiesto en el momento del devengo del Impuesto sobre el Incremento del Valor de los Terrenos de Naturaleza Urbana, que se tiene en cuenta en el mismo, es el experimentado a lo largo de un período máximo de:

a) Cincuenta años.
b) Quince años.
c) Diez años.
d) Veinte años.

81. El tipo de gravamen del Impuesto sobre el Incremento del Valor de los Terrenos de Naturaleza Urbana será fijado por cada Ayuntamiento, sin que pueda exceder del siguiente porcentaje:

a) 10 %.
b) 30 %.

c) 25 %.
d) 4 %.

82. En el supuesto de constitución de un derecho real de goce limitado del dominio, este Impuesto sobre el Incremento del Valor de los Terrenos de Naturaleza Urbana se devenga por este concepto:

a) Al extinguirse dicho derecho real.
b) Como consecuencia de la transmisión del inmueble sobre el que se constituye.
c) En el momento de la citada constitución.
d) En ningún momento.

83. Cuando se trate de actos inter vivos, el plazo para presentar la declaración los interesados en el Impuesto sobre el Incremento del Valor de los Terrenos de Naturaleza Urbana, es de:

a) Dos meses.
b) Seis meses.
c) Treinta días hábiles.
d) Un año.

84. Si, por el contrario, es un acto mortis causa, este plazo será de:

a) Treinta días naturales.
b) Un año como mínimo.
c) Treinta días hábiles.
d) Seis meses.

85. El plazo a que se refieren las dos preguntas anteriores se cuenta a partir de:

a) La fecha en que se produzca el devengo del Impuesto.
b) Que se produzca efectivamente la declaración.
c) Que la Administración requiera a los sujetos interesados.
d) Nada de lo anterior es cierto.

86. Los Notarios están obligados a presentar una relación o índice de los documentos por ellos autorizados en los que se contengan hechos, actos o negocios jurídicos que pongan de manifiesto la realización del hecho imponible de este Impuesto:

a) En la primera quincena del primer mes de cada año, referida al año anterior.
b) En la primera quincena de cada semestre, referida al anterior.
c) En la primera quincena de cada trimestre, referida al anterior.
d) Al final de cada mes.

Solución al test n.º 13

1. c) Tributos propios.

2. b) Suficiencia.

3. c) Participarán de los resultados de dichos tributos.

4. a) Han de ser suficientes para el cumplimiento de los fines de las Entidades Locales.

5. a) Ley ordinaria de las Cortes Generales.

6. c) Tasa.

7. d) Contribución especial.

8. b) Es de carácter derivado o secundario.

9. d) Es requisito sine qua non para que puedan exigir sus tributos.

10. b) Ordenanza Fiscal.

11. a) Autonomía para establecerlos y exigirlos.

12. d) Delegarlas en una Entidad Local de ámbito superior.

13. c) Establecer mecanismos de colaboración.

14. d) General Tributaria.

15. c) Patrimonio.

16. b) Tienen los propios del Estado.

17. a) Derecho Público.

18. b) Derecho Privado.

19. b) Dicho derecho real no se halle afecto a un uso o servicio público.

20. c) Ingreso de Derecho Privado.

21. c) Tasa.

22. d) Precio público.

23. c) Un funcionario de la propia Corporación.

24. a) Control y fiscalización interna de la gestión económico-financiera y presupuestaria.

25. b) Contribución especial.

26. b) Pagar los gastos de la obra.

27. d) Vehículos de Tracción Mecánica.

28. b) Actividades Económicas.

29. c) Construcciones, Instalaciones y Obras.

30. b) Ser aptos para circular por vías públicas.

31. d) Bienes Inmuebles.

32. b) Actividades Económicas.

33. b) En norma con rango de ley.

34. c) Construcciones, Instalaciones y Obras.

35. b) El citado incremento ha de ponerse de manifiesto, por ejemplo, al transmitirse la propiedad del bien de que se trate.

36. d) Bienes Inmuebles.

37. c) Recargo.

38. a) Hipotecas sobre los bienes patrimoniales de la Entidad.

39. b) A corto y largo plazo.

40. c) Tasa.

41. d) Las respuestas b) y c) son ciertas.

42. d) Es inadmisible.

43. d) El único posible en vía administrativa.

44. b) Pleno de la Corporación.

45. d) Nada de lo anterior es correcto.

46. c) Actividades Económicas.

47. a) Incremento de Valor de los Terrenos de Naturaleza Urbana.

48. b) El valor de los mismos.

49. d) Las respuestas a) y b) son ciertas.

50. c) Las normas reguladoras del Catastro Inmobiliario.

51. c) A cada uno de los Municipios, por la superficie real que ocupe en su término.

52. d) De aprovechamiento público y gratuito para los usuarios.

53. b) Cruz Roja.

54. a) Normas del Catastro Inmobiliario.

55. c) Base liquidable.

56. c) Base liquidable.

57. c) Tres períodos impositivos a contar desde el siguiente a la iniciación de la urbanización o construcción.

58. a) El primer día del período impositivo.

59. a) Propio Ayuntamiento.

60. a) Directo y real.

61. d) Las respuestas b) y c) son correctas.

62. c) Venta de productos que se reciben en pago de trabajos personales.

63. a) Aplicar las tarifas del mismo y, en su caso, el coeficiente y las bonificaciones previstos por la ley y acordados por cada Ayuntamiento.

64. b) Ayuntamiento respectivo.

65. a) Un millón de euros.

66. d) Al realizarse cada uno de ellos.

67. c) Cada año natural.

68. d) No está sujeto.

69. b) Quedan exentos cuando la minusvalía del titular sea igual o superior al 33 %.

70. b) De representación diplomática.

71. a) Población del Municipio de que se trate.

72. d) Nada de lo anterior es cierto.

73. a) Se suprimirá este en dicha Comunidad Autónoma.

74. b) Prorratea por trimestres.

75. a) No exime de su pago.

76. a) El coste real y efectivo de la construcción, instalación u obra.

77. b) Al iniciarse la construcción, instalación u obra.

78. a) 95 %.

79. a) Adquirente, si la transmisión es a título lucrativo.

80. d) Veinte años.

81. b) 30 %.

82. c) En el momento de la citada constitución.

83. c) Treinta días hábiles.

84. d) Seis meses.

85. a) La fecha en que se produzca el devengo del Impuesto.

86. c) En la primera quincena de cada trimestre, referida al anterior.

TEST N.º 14-15

El Estatuto Básico del Empleado Público. Objeto y ámbito de aplicación. Clases de personal al servicio de las Administraciones públicas

Derechos y deberes. Códigos de conducta de los empleados públicos. Adquisición y pérdida de la relación de servicio. Situaciones administrativas. Régimen disciplinario

1. El empleo en el sector público se caracteriza por estar configurado por un modelo:

a) Unitario de personal funcionario.
b) Unitario de personal estatutario.
c) Dual de regímenes jurídicos, personal funcionario y personal laboral.
d) De tres regímenes jurídicos, personal funcionario, personal laboral y personal de designación.

2. El EBEP contiene:

a) Aquello que es común al conjunto de los empleados públicos de todas las Administraciones públicas.
b) Las normas legales específicas aplicables a los empleados públicos de todas las Administraciones públicas.
c) Aquello que es común al conjunto de los funcionarios de todas las Administraciones públicas, más las normas legales específicas aplicables al personal laboral a su servicio.
d) Aquello que es común al conjunto del personal laboral de todas las Administraciones públicas, más las normas legales específicas aplicables al personal funcionario a su servicio.

3. Es un principio de actuación del EBEP:

a) El interés general en la planificación y gestión de los recursos humanos.
b) La eficacia en la planificación y gestión de los recursos humanos.
c) La economía en la planificación y gestión de los recursos humanos.
d) La transparencia en la planificación y gestión de los recursos humanos.

4. Según el artículo 8 del Texto Refundido de la Ley del Estatuto Básico del Empleado Público, aprobado por el Real Decreto Legislativo 5/2015, de 30 de octubre, son empleados públicos quienes desempeñan funciones .... en las Administraciones públicas al servicio de los intereses generales. Señala la palabra que falta en la anterior frase:

a) Directivas.
b) Exclusivas.
c) Administrativas.
d) Retribuidas.

5. Corresponden en exclusiva a los funcionarios públicos, en los términos que en la ley de desarrollo de cada Administración pública se establezca, el ejercicio de las funciones que impliquen la participación directa o indirecta:

a) En el archivo y documentación de información administrativa.
b) En tareas administrativas.
c) En el ejercicio de las potestades públicas.
d) En las tareas directivas.

6. Pueden nombrarse funcionarios interinos por exceso o acumulación de tareas por plazo:

a) Máximo de 9 meses, dentro de un periodo de 18 meses.
b) Mínimo de 6 meses y máximo de 12 meses.
c) Máximo de 12 meses.
d) Máximo de 12 meses dentro de un periodo de 3 años.

7. En relación con el personal eventual, el EBEP dispone que:

a) El número máximo de este tipo de personal se establecerá por ley de las Cortes Generales o de las Asambleas legislativas de las Comunidades Autónomas.
b) El cese de este personal no va ligado, en ningún caso, al de la autoridad a la que se preste la función de confianza o asesoramiento.
c) La condición de personal eventual constituye mérito para el acceso a la Función Pública y para la promoción interna.
d) Este personal solo realiza funciones expresamente calificadas como de confianza o asesoramiento especial.

8. En relación con el personal directivo, el EBEP establece que:

a) Su designación atenderá a principios de mérito y capacidad.
b) Su designación atenderá a criterios de eficacia y eficiencia.
c) La determinación de sus condiciones de empleo serán objeto de negociación colectiva.
d) Cuando el personal directivo reúna la condición de funcionario estará sometido a la relación laboral de carácter especial de alta dirección.

9. Señala la opción incorrecta. El acceso al empleo público se efectuará de acuerdo con los principios constitucionales de:

a) Capacidad.
b) Mérito.
c) Igualdad.
d) Participación.

10. Los órganos de selección serán colegiados y su composición deberá ajustarse a los principios de:

a) Imparcialidad y profesionalidad de sus miembros.
b) Representatividad y homogeneidad.
c) Publicidad y transparencia.
d) Eficacia, participación y economía.

11. ¿Cuál de los siguientes no es un sistema de selección de personal laboral fijo en la Administración pública?

a) Transferencia o cesión.
b) Oposición.
c) Concurso-oposición.
d) Concurso de valoración de méritos.

12. ¿Cuál es la edad mínima para poder participar en los procesos selectivos de acceso al empleo público?

a) 14 años.
b) 16 años.
c) 17 años.
d) 18 años.

13. Podrá/n formar parte de los órganos de selección:

a) El personal eventual.
b) Los funcionarios interinos.
c) El personal de designación política.
d) El personal laboral.

14. ¿Puede utilizarse el sistema de concurso de valoración de méritos para la selección de personal funcionario de carrera?

a) No, solo se permiten los sistemas de oposición y concurso-oposición.
b) Excepcionalmente, en virtud de ley.

c) Sí, es uno de los sistemas permitidos.
d) Únicamente para la consolidación de empleo.

15. La renuncia voluntaria a la condición de funcionario:

a) Inhabilita para ingresar de nuevo en la Administración pública.
b) No requiere aceptación expresa por la Administración.
c) Será aceptada expresamente cuando el funcionario esté sujeto a expediente disciplinario o haya sido dictado en su contra auto de procesamiento o de apertura de juicio oral por la comisión de algún delito.
d) Debe ser manifestada por escrito.

16. El funcionario que haya perdido su condición por cambio de nacionalidad, si recupera la nacionalidad:

a) Volverá automáticamente al puesto de trabajo que ocupaba.
b) No podrá volver a ejercer como funcionario.
c) Podrá solicitar la rehabilitación.
d) Podrá acceder a la función pública superando un nuevo proceso selectivo.

17. Será aceptada expresamente por la Administración la renuncia voluntaria a la condición de funcionario en el siguiente caso:

a) Cuando el funcionario esté sujeto a expediente disciplinario.
b) Cuando contra el funcionario haya sido dictado auto de procesamiento por la comisión de algún delito.
c) Cuando el funcionario se encuentre en la situación de excedencia forzosa.
d) Cuando contra el funcionario haya sido dictado auto de apertura de juicio oral por la comisión de algún delito.

18. Según el artículo 59 del EBEP, en las ofertas de empleo público se reservará un cupo de plazas para ser cubiertas entre personas con discapacidad, no inferior al siguiente porcentaje:

a) 2 % de las vacantes.
b) 3 % de las vacantes.
c) 5 % de las vacantes.
d) 7 % de las vacantes.

19. La Oferta de empleo público o instrumento similar comportará la obligación de convocar los correspondientes procesos selectivos para las plazas comprometidas y hasta:

a) Un 10 % adicional.
b) Un 15 % adicional.

c) Un 20 % adicional.
d) Un 30 % adicional.

20. A tenor del artículo 14 del EBEP los empleados públicos tienen derecho:

a) A la inamovilidad en la condición de funcionario de carrera.
b) A la formación continua y a la actualización permanente de sus conocimientos y capacidades profesionales, preferentemente fuera del horario laboral.
c) A la libertad de expresión, sin restricción alguna.
d) A participar en la consecución de los objetivos atribuidos a la unidad donde preste sus servicios y a ser consultado por sus superiores por las tareas a desarrollar.

21. Los empleados públicos tienen derecho a la libertad de expresión:

a) En los términos que establezca una ley.
b) En los términos que se establezcan reglamentariamente.
c) A través de sus representantes sindicales.
d) Dentro de los límites del ordenamiento jurídico.

22. El conjunto ordenado de oportunidades de ascenso y expectativas de progreso profesional conforme a los principios de igualdad, mérito y capacidad, se denomina:

a) Evaluación del desempeño.
b) Promoción profesional.
c) Promoción interna.
d) Carrera profesional.

23. Para tener derecho a la promoción interna, los funcionarios deberán tener una antigüedad de servicio activo en el inferior subgrupo o grupo de clasificación profesional, de al menos:

a) Dos años.
b) Tres años.
c) Cuatro años.
d) Cinco años.

24. El procedimiento mediante el cual se mide y valora la conducta profesional y el rendimiento o el logro de resultados de los empleados públicos, se denomina:

a) Carrera horizontal.
b) Evaluación del desempeño.
c) Concurso de méritos.
d) Mapa de competencias.

25. En relación con el sistema retributivo de los empleados públicos, es cierto, según el EBEP, que:

a) Podrán acordarse incrementos retributivos que globalmente supongan un incremento de la masa salarial superior a los límites fijados anualmente en la Ley de Presupuestos Generales del Estado para el personal.

b) Podrá percibirse participación en tributos o en cualquier otro ingreso de las Administraciones públicas como contraprestación de cualquier servicio, participación o premio en multas impuestas, excepto cuando estuviesen normativamente atribuidas a los servicios.

c) Las cuantías de las retribuciones básicas y el incremento de las cuantías globales de las retribuciones complementarias de los funcionarios, así como el incremento de la masa salarial del personal laboral, deberán reflejarse para cada ejercicio presupuestario en la correspondiente ley de presupuestos.

d) Las Administraciones públicas podrán destinar cantidades por encima del porcentaje de la masa salarial que se fije en las correspondientes Leyes de Presupuestos Generales del Estado a financiar aportaciones a planes de pensiones de empleo o contratos de seguro colectivos que incluyan la cobertura de la contingencia de jubilación, para el personal incluido en sus ámbitos, de acuerdo con lo establecido en la normativa reguladora de los Planes de Pensiones.

26. Las Administraciones públicas podrán destinar cantidades hasta el porcentaje de la masa salarial que se fije en las correspondientes Leyes de Presupuestos Generales del Estado a financiar aportaciones a planes de pensiones de empleo o contratos de seguro colectivos; estas cantidades tendrán a todos los efectos la consideración de:

a) Retribución básica.
b) Retribución complementaria.
c) Indemnización.
d) Retribución diferida.

27. Las retribuciones de los funcionarios en prácticas:

a) Se corresponderán a las del sueldo del Subgrupo o Grupo, en el supuesto de que este no tenga Subgrupo, en que aspiren a ingresar.

b) No podrán superar las del sueldo del Subgrupo o Grupo, en el supuesto de que este no tenga Subgrupo, en que aspiren a ingresar.

c) Se determinarán de acuerdo con la legislación laboral, el convenio colectivo que sea aplicable y el contrato de trabajo.

d) Como mínimo, se corresponderán a las del sueldo del Subgrupo o Grupo, en el supuesto de que este no tenga Subgrupo, en que aspiren a ingresar.

28. La cuantía y estructura de las retribuciones complementarias de los funcionarios se establecerán por:

a) Ley estatal.
b) Las correspondientes leyes de cada Administración Pública.

c) Real Decreto del Consejo de Ministros.

d) Decreto del correspondiente Consejo de Gobierno de la Administración Autonómica.

29. ¿Cuál de las siguientes retribuciones complementarias corresponde al nivel del puesto que desempeñe el funcionario?

a) Complemento específico.

b) Complemento de destino.

c) Complemento de productividad.

d) Gratificación por servicios extraordinarios.

30. ¿Podrá percibirse participación en tributos o en cualquier otro ingreso de las Administraciones públicas como contraprestación de cualquier servicio, participación o premio en multas impuestas?

a) No, en ningún caso.

b) Sí, en cualquier caso.

c) No, excepto cuando estuviesen normativamente atribuidas a los servicios.

d) Sí, excepto cuando estuviesen normativamente atribuidas a los servicios.

31. Quedan excluidas de la obligatoriedad de la negociación colectiva:

a) Las normas que fijen los criterios y mecanismos generales en materia de evaluación del desempeño.

b) Los criterios generales para la determinación de prestaciones sociales y pensiones de clases pasivas.

c) Los criterios generales sobre ofertas de empleo público.

d) La determinación de condiciones de trabajo del personal directivo.

32. Las Juntas de Personal se constituirán en unidades electorales que cuenten con un censo mínimo de:

a) 15 funcionarios.

b) 25 funcionarios.

c) 30 funcionarios.

d) 50 funcionarios.

33. Tal y como señala el artículo 46 del EBEP, están legitimados para convocar una reunión los empleados públicos de las Administraciones respectivas en número no inferior:

a) Al 10 % del colectivo convocado.

b) Al 20 % del colectivo convocado.

c) Al 30 % del colectivo convocado.

d) Al 40 % del colectivo convocado.

34. Tendrán la consideración de sindicatos más representativos a nivel estatal, los que acrediten una especial audiencia, expresada en la obtención, en dicho ámbito de un porcentaje, del total de delegados de personal de los miembros de los comités de empresa y de los correspondientes órganos de las Administraciones Públicas, de al menos el:

a) 10 %.
b) 15 %.
c) 20 %.
d) 25 %.

35. Será objeto de negociación, en su ámbito respectivo y en relación con las competencias de cada Administración pública y con el alcance que legalmente proceda:

a) La determinación concreta de los procedimientos de acceso al empleo público.
b) La regulación concreta de los criterios de promoción profesional.
c) Las materias referidas a calendario laboral.
d) La determinación de condiciones de trabajo del personal directivo.

36. En relación con los Pactos y Acuerdos de las Mesas de Negociación, NO es cierto que:

a) Los Acuerdos versarán sobre materias competencia de los órganos de gobierno de las Administraciones públicas.
b) Los Pactos se celebrarán sobre materias que se correspondan estrictamente con el ámbito competencial del órgano administrativo que lo suscriba.
c) Si los Acuerdos ratificados tratan sobre materias sometidas a reserva de ley que, en consecuencia, solo pueden ser determinadas definitivamente por las Cortes Generales o las asambleas legislativas de las comunidades autónomas, su contenido conservará eficacia directa mientras no sean rechazados.
d) Los Pactos y Acuerdos en sus respectivos ámbitos y en relación con las competencias de cada Administraciónpública, podrán fijar las reglas que han de resolver los conflictos de concurrencia entre las negociaciones de distinto ámbito y los criterios de primacía y complementariedad entre las diferentes unidades negociadoras.

37. Conforme al EBEP, los funcionarios públicos tendrán un permiso por enfermedad grave de un familiar dentro del primer grado de consanguinidad o afinidad, de:

a) Tres días naturales.
b) Tres días hábiles.
c) Cinco días naturales.
d) Cinco días hábiles.

38. Los funcionarios públicos tendrán un permiso por matrimonio o registro o constitución formalizada por documento público de pareja de hecho de:

a) 10 días.
b) 15 días.
c) 20 días.
d) 30 días.

39. Por lactancia de un hijo menor de doce meses los funcionarios públicos tendrán derecho, según el EBEP, a:

a) 30 minutos de ausencia del trabajo, al inicio o al final de la jornada.
b) 1 hora de ausencia del trabajo, infraccionable.
c) 1 hora de ausencia del trabajo que podrá dividir en dos fracciones.
d) 2 horas de ausencia del trabajo que podrá dividir en dos fracciones de una hora cada una.

40. Tal y como señala el artículo 50 del EBEP, los funcionarios públicos tendrán derecho a disfrutar, durante cada año natural, de unas vacaciones retribuidas de:

a) 1 mes.
b) 30 días naturales.
c) 22 días hábiles.
d) 30 días hábiles.

41. Según el artículo 47 del EBEP, la jornada de trabajo de los funcionarios públicos podrá ser:

a) Ordinaria o extraordinaria.
b) Continua o partida.
c) En turno de mañana, en turno de tarde o en turno de noche.
d) A tiempo completo o a tiempo parcial.

42. Los Empleados Públicos:

a) Podrán voluntariamente acatar la Constitución y el resto de normas que integran el ordenamiento jurídico.
b) Podrán abstenerse en aquellos asuntos en los que tengan un interés personal.
c) Su actuación perseguirá la satisfacción de los intereses del Gobierno.
d) Guardarán secreto de las materias clasificadas.

43. Según el artículo 53 del EBEP, es un principio del código ético de los empleados públicos:

a) El desempeño de las tareas correspondientes a su puesto de trabajo se realizará de forma diligente y cumpliendo la jornada y el horario establecidos.
b) Honradez.

c) Respeto a la igualdad entre mujeres y hombres.

d) Ajustar su actuación a los principios de lealtad y buena fe con la Administración en la que presten sus servicios, y con sus superiores, compañeros, subordinados y con los ciudadanos.

44. ¿Cuál de los siguientes es un principio ético del Código de Conducta de los empleados públicos?

a) Tratar con atención y respeto a los ciudadanos, a sus superiores y a los restantes empleados públicos.

b) Informar a los ciudadanos sobre aquellas materias o asuntos que tengan derecho a conocer, y facilitar el ejercicio de sus derechos y el cumplimiento de sus obligaciones.

c) Ejercer sus atribuciones según el principio de dedicación al servicio público absteniéndose no solo de conductas contrarias al mismo, sino también de cualesquiera otras que comprometan la neutralidad en el ejercicio de los servicios públicos.

d) Garantizar la constancia y permanencia de los documentos para su transmisión y entrega a sus posteriores responsables.

45. Cuando adquieran la condición de funcionarios al servicio de organizaciones internacionales, los funcionarios de carrera serán declarados en situación de:

a) Excedencia.

b) Servicios especiales.

c) Servicio en otras Administraciones públicas.

d) Servicio activo.

46. En relación con la excedencia voluntaria por razones de interés particular, de los funcionarios de carrera, es cierto que:

a) Les será computable el tiempo que permanezcan en tal situación a efectos de derechos en el régimen de Seguridad Social que les sea de aplicación.

b) Podrá declararse cuando al funcionario público se le instruya expediente disciplinario.

c) La concesión de excedencia voluntaria por interés particular quedará subordinada a las necesidades del servicio debidamente motivadas.

d) Su duración no podrá ser superior a tres años.

47. La funcionaria en excedencia por razón de violencia de género tendrá derecho a percibir las retribuciones íntegras:

a) Sí, durante todo el tiempo de la excedencia.

b) No, sólo tiene derecho a percibir las prestaciones familiares por hijo a cargo.

c) Durante el primer año de la excedencia.

d) Durante los dos primeros meses.

48. La potestad disciplinaria se ejercerá de acuerdo, entre otros, con el principio de:

a) Irretroactividad de las disposiciones sancionadoras favorables al presunto infractor.
b) Proporcionalidad aplicable a las sanciones pero no a la clasificación de las faltas.
c) Presunción de culpabilidad en el caso del personal directivo.
d) Legalidad y tipicidad de las faltas y sanciones, a través de la predeterminación normativa y, en el caso del personal laboral, de los convenios colectivos.

49. Se considera falta muy grave de los empleados públicos:

a) El incumplimiento del deber de respeto a la Constitución y a los respectivos Estatutos de Autonomía de las Comunidades Autónomas en el ejercicio de la función pública.
b) El abuso de autoridad en el desempeño de sus funciones.
c) La tolerancia por los superiores jerárquicos de la comisión de faltas muy graves del personal bajo su dependencia.
d) Las acciones u omisiones dirigidas a evadir los sistemas de control de horarios o a impedir que sean detectados los incumplimientos injustificados de la jornada de trabajo.

50. Las faltas disciplinarias muy graves prescriben:

a) Al año.
b) A los 3 años.
c) A los 5 años.
d) No prescriben mientras no se extinga la condición de personal funcionario de carrera.

51. Según el artículo 97 del EBEP, las sanciones impuestas por faltas leves prescribirán:

a) A los 6 meses.
b) Al año.
c) A los 2 años.
d) A los 3 años.

52. Según el artículo 98 del EBEP, el procedimiento disciplinario que se establezca en el desarrollo del Estatuto se estructurará atendiendo a los principios de eficacia, celeridad y:

a) Transparencia.
b) Presunción de inocencia.
c) Legalidad.
d) Economía procesal.

53. La suspensión provisional como medida cautelar en la tramitación de un expediente disciplinario no podrá exceder, salvo en caso de paralización del procedimiento imputable al interesado, de:

a) 6 meses.
b) 12 meses.

c) 18 meses.
d) 2 años.

54. En relación con la suspensión provisional como medida cautelar en la tramitación de un expediente disciplinario, no es cierto que:

a) El funcionario suspenso provisional no tendrá derecho a percibir durante la suspensión retribución alguna.
b) El tiempo de permanencia en suspensión provisional será de abono para el cumplimiento de la suspensión firme.
c) Cuando la suspensión no sea declarada firme, el tiempo de duración de la misma se computará como de servicio activo.
d) El funcionario suspenso provisional tendrá derecho a percibir durante la suspensión las prestaciones familiares por hijo a cargo.

55. El incumplimiento de lo dispuesto en las normas sobre compatibilidad cuando ello dé lugar a una situación de incompatibilidad se considerará:

a) Falta leve.
b) Falta grave.
c) Falta muy grave.
d) Falta grave o muy grave.

56. Los funcionarios que se encuentren en situación distinta de la de servicio activo:

a) No pueden incurrir en responsabilidad disciplinaria.
b) Está liberados de la responsabilidad civil o penal contraída por faltas cometidas durante el tiempo en que se ostentó aquella.
c) En todo caso cumplirán la sanción por faltas cometidas dentro de sus peculiares situaciones administrativas en el momento en que se dicte la resolución.
d) De no ser posible el cumplimiento de la sanción en el momento en que se dicte la resolución, por hallarse el funcionario en situación administrativa que lo impida, ésta se hará efectiva cuando su cambio de situación lo permita, salvo que haya transcurrido el plazo de prescripción.

57. Según el EBEP, las infracciones graves prescriben, a contarse desde que se hubieran cometido, y desde el cese de su comisión cuando se trate de faltas continuadas:

a) A los 3 años.
b) A los 2 años.
c) Al año.
d) A los 6 meses.

Solución al test n.º 14-15

1. c) Dual de regímenes jurídicos, personal funcionario y personal laboral.

2. c) Aquello que es común al conjunto de los funcionarios de todas las Administraciones públicas, más las normas legales específicas aplicables al personal laboral a su servicio.

3. b) La eficacia en la planificación y gestión de los recursos humanos.

4. d) Retribuidas.

5. c) En el ejercicio de las potestades públicas.

6. a) Máximo de 9 meses, dentro de un periodo de 18 meses.

7. d) Este personal solo realiza funciones expresamente calificadas como de confianza o asesoramiento especial.

8. a) Su designación atenderá a principios de mérito y capacidad.

9. d) Participación.

10. a) Imparcialidad y profesionalidad de sus miembros.

11. a) Transferencia o cesión.

12. b) 16 años.

13. d) El personal laboral.

14. b) Excepcionalmente, en virtud de ley.

15. d) Debe ser manifestada por escrito.

16. c) Podrá solicitar la rehabilitación.

17. c) Cuando el funcionario se encuentre en la situación de excedencia forzosa.

18. d) 7 % de las vacantes.

19. a) Un 10 % adicional.

20. a) A la inamovilidad en la condición de funcionario de carrera.

21. d) Dentro de los límites del ordenamiento jurídico.

22. d) Carrera profesional.

23. a) Dos años.

24. b) Evaluación del desempeño.

25. c) Las cuantías de las retribuciones básicas y el incremento de las cuantías globales de las retribuciones complementarias de los funcionarios, así como el incremento de la masa salarial del personal laboral, deberán reflejarse para cada ejercicio presupuestario en la correspondiente ley de presupuestos.

26. d) Retribución diferida.

27. d) Como mínimo, se corresponderán a las del sueldo del Subgrupo o Grupo, en el supuesto de que este no tenga Subgrupo, en que aspiren a ingresar.

28. b) Las correspondientes leyes de cada Administración pública.

29. b) Complemento de destino.

30. a) No, en ningún caso.

31. d) La determinación de condiciones de trabajo del personal directivo.

32. d) 50 funcionarios.

33. d) Al 40 % del colectivo convocado.

34. a) 10 %.

35. c) Las materias referidas a calendario laboral.

36. c) Si los Acuerdos ratificados tratan sobre materias sometidas a reserva de ley que, en consecuencia, solo pueden ser determinadas definitivamente por las Cortes Generales o las asambleas legislativas de las comunidades autónomas, su contenido conservará eficacia directa mientras no sean rechazados.

37. d) Cinco días hábiles.

38. b) 15 días.

39. c) 1 hora de ausencia del trabajo que podrá dividir en dos fracciones.

40. c) 22 días hábiles.

41. d) A tiempo completo o a tiempo parcial.

42. d) Guardarán secreto de las materias clasificadas.

43. d) Ajustar su actuación a los principios de lealtad y buena fe con la Administración en la que presten sus servicios, y con sus superiores, compañeros, subordinados y con los ciudadanos.

44. c) Ejercer sus atribuciones según el principio de dedicación al servicio público absteniéndose no solo de conductas contrarias al mismo, sino también de cualesquiera otras que comprometan la neutralidad en el ejercicio de los servicios públicos.

45. b) Servicios especiales.

46. c) La concesión de excedencia voluntaria por interés particular quedará subordinada a las necesidades del servicio debidamente motivadas.

47. d) Durante los dos primeros meses.

48. d) Legalidad y tipicidad de las faltas y sanciones, a través de la predeterminación normativa y, en el caso del personal laboral, de los convenios colectivos.

49. a) El incumplimiento del deber de respeto a la Constitución y a los respectivos Estatutos de Autonomía de las Comunidades Autónomas en el ejercicio de la función pública.

50. b) A los 3 años.

51. b) Al año.

52. d) Economía procesal.

53. a) 6 meses.

54. a) El funcionario suspenso provisional no tendrá derecho a percibir durante la suspensión retribución alguna.

55. c) Falta muy grave.

56. d) De no ser posible el cumplimiento de la sanción en el momento en que se dicte la resolución, por hallarse el funcionario en situación administrativa que lo impida, ésta se hará efectiva cuando su cambio de situación lo permita, salvo que haya transcurrido el plazo de prescripción.

57. b) A los 2 años.

TEST N.º 16

Ley 31/1995, de 8 de noviembre, de Prevención de Riesgos Laborales. Objeto, ámbito de aplicación y definiciones. Derechos y obligaciones

1. ¿Qué se entiende por "riesgo laboral"?

a) La posibilidad de que un trabajador sufra un determinado daño derivado del trabajo.
b) La posibilidad de que un trabajador sufra una enfermedad en el trabajo.
c) La posibilidad de que un trabajador sufra acoso.
d) El riesgo que supone el ir a trabajar.

2. Indica cuál es la definición de prevención:

a) La probabilidad racional de que un riesgo se materialice de forma inminente.
b) El estudio de los procesos potencialmente peligrosos para el trabajo.
c) Conjunto de actividades o medidas adoptadas o previstas en todas las fases de actividad de la empresa con el fin de evitar o disminuir los riesgos derivados del trabajo.
d) Posibilidad de que un trabajador sufra un determinado daño derivado del trabajo.

3. Según establece el art. 4 de la Ley 31/1995, de 8 de noviembre, de Prevención de Riesgos Laborales, se define como daños derivados del trabajo:

a) La posibilidad de que un trabajador sufra un determinado daño derivado del trabajo.
b) El que resulte probable racionalmente que se materialice en un futuro inmediato y pueda suponer y pueda suponer un daño grave para la salud de los trabajadores.
c) Las enfermedades, patologías o lesiones sufridas con motivo u ocasión del trabajo.
d) Cualquier máquina, aparato, instrumento o instalación utilizada en el trabajo.

4. El objeto y carácter de la norma de la Ley 31/95 de Prevención de Riesgos Laborales dice:

a) La presente Ley tiene por objeto promover la salud de los trabajadores mediante la aplicación de medidas y el desarrollo de las actividades necesarias para la prevención de riesgos derivados del trabajo.
b) La presente Ley tiene por objeto promover la seguridad y la salud de los trabajadores mediante la aplicación de medidas y el desarrollo de las actividades necesarias para la prevención de riesgos derivados del trabajo.

c) La presente Ley tiene por objeto promover la seguridad de los trabajadores mediante la aplicación de medidas y el desarrollo de las actividades necesarias para la prevención de riesgos derivados del trabajo.

d) La presente Ley tiene por objeto promover la seguridad, la salud de los trabajadores y la negociación entre empresa y delegados de prevención, mediante la aplicación de medidas y el desarrollo de las actividades necesarias para la prevención de riesgos derivados del trabajo.

5. Cualquier característica del trabajo que pueda tener una influencia significativa en la generación de riesgos para la seguridad y la salud del trabajador, es:

a) Una condición de trabajo.
b) Un factor de riesgo.
c) Un proceso potencialmente peligroso.
d) Una zona peligrosa.

6. Toda lesión corporal que el trabajador sufra con ocasión del trabajo que ejerza por cuenta ajena:

a) Es un riesgo laboral.
b) Es un accidente.
c) Es una enfermedad profesional.
d) Es una simple circunstancia.

7. Señala la respuesta incorrecta:

a) La Ley de Prevención de Riesgos Laborales se aplica a los operativos de Seguridad civil en casos de catástrofe.

b) La Ley de Prevención de Riesgos Laborales se aplica a las sociedades cooperativas.

c) En el ámbito de la relación laboral de carácter especial del servicio del hogar familiar, las personas trabajadoras tienen derecho a una protección eficaz en materia de seguridad y salud en el trabajo.

d) En los establecimientos penitenciarios, se adaptarán a la Ley de Prevención de Riesgos Laborales aquellas actividades cuyas características justifiquen una regulación especial.

8. Para calificar un riesgo desde el punto de vista de su gravedad, se valorarán conjuntamente la severidad del daño y:

a) La probabilidad de que se produzca.
b) La cantidad de trabajadores de la empresa.
c) La existencia o no de equipos individuales de protección.
d) Las condiciones de trabajo.

9. ¿Quién debe garantizar a los trabajadores la vigilancia periódica de su estado de salud en función de los riesgos inherentes al trabajo?

a) La Inspección de Trabajo.
b) El propio trabajador.

c) El empresario.
d) Las secciones sindicales.

10. El derecho básico reconocido a los trabajadores por la Ley 31/1995, de 8 de noviembre, es:

a) La vigilancia de su estado de salud.
b) Una protección eficaz en materia de seguridad y salud en el trabajo.
c) La formación en materia preventiva.
d) La información, consulta y participación.

11. Entre los principios de la acción preventiva recogidos por el artículo 15 de la Ley de Prevención de Riesgos Laborales, no figura:

a) Evitar los riesgos.
b) Evaluar los riesgos que se puedan evitar.
c) Tener en cuenta la evolución de la técnica.
d) Dar las debidas instrucciones a los trabajadores.

12. Es un instrumento esencial para la gestión y aplicación del Plan de prevención de riesgos laborales:

a) La jerarquización de la estructura preventiva.
b) La elección de los equipos de trabajo.
c) La evaluación de riesgos.
d) La vigilancia de la salud.

13. La prevención de riesgos laborales deberá integrarse en el sistema general de gestión de la empresa a través de:

a) La política preventiva.
b) El plan de prevención.
c) El consenso de las partes.
d) El poder de decisión del empresario.

14. Podrán realizar el plan de prevención de riesgos laborales, la evaluación de riesgos y la planificación de la actividad preventiva de forma simplificada, en atención a la naturaleza y peligrosidad de las actividades realizadas, empresas cuyo número de trabajadores no exceda de:

a) 30.
b) 50.
c) 80.
d) 100.

15. En relación a la vigilancia de la salud que ha de garantizar el empresario, el acceso a la información médica de carácter personal:

a) Se limitará al empresario y a los Servicios de Prevención propios.

b) Se limitará al Jefe inmediato del trabajador.

c) Sólo será accesible al propio trabajador.

d) Se limitará al personal médico y a las autoridades sanitarias que lleven a cabo la vigilancia.

16. En relación a la vigilancia de la salud, no es cierto que:

a) El derecho a la vigilancia periódica del estado de salud puede prolongarse más allá de la finalización de la relación laboral.

b) Las medidas de vigilancia y control se llevarán a cabo por personal sanitario.

c) Los resultados de la vigilancia de la salud serán comunicados a los representantes de los trabajadores.

d) Se deberá optar por la realización de aquellos reconocimientos o pruebas que causen las menores molestias al trabajador.

17. El empresario garantizará a los trabajadores a su servicio la vigilancia periódica de su estado de salud:

a) Que deberá prolongarse más allá de la finalización de la relación laboral.

b) Solamente si la duración de la relación de trabajo temporal es superior a los tres meses.

c) Solamente si la duración de la relación de trabajo temporal es superior a los seis meses.

d) Excepto a los contratados por empresas de trabajo temporal.

18. Según la Ley de Prevención de Riesgos Laborales, es obligación de los trabajadores en materia de prevención de riesgos:

a) La protección eficaz en materia de seguridad y salud en el trabajo.

b) Utilizar correctamente los medios y equipos de protección facilitados por el empresario, de acuerdo con las instrucciones recibidas de éste.

c) Soportar el coste de las medidas relativas a la seguridad y la salud en el trabajo.

d) Desarrollar una acción permanente de seguimiento de la actividad preventiva.

19. En los casos de concurrencia de trabajadores de varias empresas en un centro de trabajo cuando existe un empresario principal, uno de los deberes de vigilancia por parte de éste, consistirá en:

a) Impulsar la regulación de esquemas organizativos, que eviten los accidentes de trabajo.

b) Comprobar que las empresas contratistas y subcontratistas concurrentes en su centro de trabajo han establecido los necesarios medios de coordinación entre ellas.

c) Asegurar la correcta utilización por parte de los trabajadores de las empresas concurrentes de los correspondientes dispositivos de seguridad disponibles.

d) Asegurarse de que los trabajadores concurrentes disponen de la formación preventiva correspondiente.

20. Cuando los trabajadores estén expuestos a un riesgo grave e inminente con ocasión de su trabajo, y el empresario no adopte o no permita la adopción de las medidas necesarias para garantizar la seguridad y la salud de los trabajadores, la Ley 31/1995, de 8 de noviembre, de Prevención de Riesgos Laborales prevé que:

a) Los trabajadores afectados podrán paralizar la actividad.

b) El órgano de representación del personal instará formalmente al empresario a la adopción de las medidas necesarias.

c) Los Delegados de Prevención lo comunicarán a la autoridad laboral, que adoptará las medidas necesarias.

d) El órgano de representación de personal podrá acordar la paralización de la actividad.

21. El art. 21 de la LPRL establece los requisitos y el procedimiento para que los representantes legales de los trabajadores acuerden la paralización de la actividad de los trabajadores que están o puedan estar expuestos a un riesgo grave e inminente si el empresario no adopta las medidas necesarias para garantizar la seguridad y salud de los trabajadores. La medida será adoptada por:

a) Acuerdo por mayoría absoluta de sus miembros. Tal acuerdo será comunicado de inmediato a la empresa y a la autoridad laboral, la cual, en el plazo de 48 horas, anulará o ratificará la paralización acordada.

b) Acuerdo por mayoría de 2/3 de sus miembros. Tal acuerdo será comunicado de inmediato a la empresa y a la autoridad laboral, la cual, en el plazo de 24 horas, anulará o ratificará la paralización acordada.

c) Acuerdo por mayoría de sus miembros. Tal acuerdo será comunicado de inmediato a la empresa y a la autoridad laboral, la cual, en el plazo de 48 horas, anulará o ratificará la paralización acordada.

d) Acuerdo por mayoría de sus miembros. Tal acuerdo será comunicado de inmediato a la empresa y a la autoridad laboral, la cual, en el plazo de 24 horas, anulará o ratificará la paralización acordada.

22. El posible cambio de puesto de trabajo con riesgo para una trabajadora embarazada:

a) Deberá realizarse en caso de imposibilidad de adaptación del propio puesto.

b) Se hará previo informe en tal sentido del Servicio de Prevención.

c) Se determinará por el empresario, y dará información a los representantes de los trabajadores.

d) Se extenderá al período de lactancia.

23. ¿Cuándo se deben utilizar los equipos de protección individual?

a) Siempre.
b) Cuando los riesgos no hayan sido evaluados.
c) Cuando los riesgos no se puedan evitar o no puedan limitarse.
d) Cuando el trabajador lo estime oportuno.

24. Según el artículo 19 de la Ley de Prevención de Riesgos Laborales, la formación teórica y práctica en materia preventiva deberá:

a) Impartirse en horario dentro de la jornada de trabajo.
b) Impartirse por igual en jornada de trabajo y fuera del horario de trabajo.
c) Impartirse, siempre que sea posible, dentro de la jornada de trabajo o, en su defecto, en otras horas, pero con el descuento en aquella del tiempo invertido en la misma.
d) La formación teórica siempre debe ser en horario dentro de la jornada de trabajo y la formación práctica puede impartirse tanto dentro como fuera de la jornada de trabajo.

25. Las trabajadoras embarazadas ¿tienen derecho a ausentarse del trabajo para la realización de exámenes prenatales y técnicas de preparación al parto?

a) Sí, con derecho a remuneración, previo aviso al empresario y justificación de la necesidad de su realización dentro de la jornada de trabajo.
b) Sí, con derecho a remuneración, sin necesidad de avisar al empresario ni justificar la necesidad de su realización dentro de la jornada de trabajo.
c) Sí, sin derecho a remuneración, previo aviso al empresario y justificación de la necesidad de su realización dentro de la jornada de trabajo.
d) No, en ningún caso.

Solución al test n.º 16

1. a) La posibilidad de que un trabajador sufra un determinado daño derivado del trabajo.

2. c) Conjunto de actividades o medidas adoptadas o previstas en todas las fases de actividad de la empresa con el fin de evitar o disminuir los riesgos derivados del trabajo.

3. c) Las enfermedades, patologías o lesiones sufridas con motivo u ocasión del trabajo.

4. b) La presente Ley tiene por objeto promover la seguridad y la salud de los trabajadores mediante la aplicación de medidas y el desarrollo de las actividades necesarias para la prevención de riesgos derivados del trabajo.

5. a) Una condición de trabajo.

6. b) Es un accidente.

7. a) La Ley de Prevención de Riesgos Laborales se aplica a los operativos de Seguridad civil en casos de catástrofe.

8. a) La probabilidad de que se produzca.

9. c) El empresario.

10. b) Una protección eficaz en materia de seguridad y salud en el trabajo.

11. b) Evaluar los riesgos que se puedan evitar.

12. c) La evaluación de riesgos.

13. b) El plan de prevención.

14. b) 50.

15. d) Se limitará al personal médico y a las autoridades sanitarias que lleven a cabo la vigilancia.

16. c) Los resultados de la vigilancia de la salud serán comunicados a los representantes de los trabajadores.

17. a) Que deberá prolongarse más allá de la finalización de la relación laboral.

18. b) Utilizar correctamente los medios y equipos de protección facilitados por el empresario, de acuerdo con las instrucciones recibidas de éste.

19. b) Comprobar que las empresas contratistas y subcontratistas concurrentes en su centro de trabajo han establecido los necesarios medios de coordinación entre ellas.

20. d) El órgano de representación de personal podrá acordar la paralización de la actividad.

21. d) Acuerdo por mayoría de sus miembros. Tal acuerdo será comunicado de inmediato a la empresa y a la autoridad laboral, la cual, en el plazo de 24 horas, anulará o ratificará la paralización acordada.

22. a) Deberá realizarse en caso de imposibilidad de adaptación del propio puesto.

23. c) Cuando los riesgos no se puedan evitar o no puedan limitarse.

24. c) Impartirse, siempre que sea posible, dentro de la jornada de trabajo o, en su defecto, en otras horas, pero con el descuento en aquella del tiempo invertido en la misma.

25. a) Sí, con derecho a remuneración, previo aviso al empresario y justificación de la necesidad de su realización dentro de la jornada de trabajo.

TEST N.º 17

La Ley Orgánica 3/2007, de 22 de marzo, para la igualdad efectiva de mujeres y hombres: objeto y ámbito. El principio de igualdad y la tutela contra la discriminación. Principios generales de las políticas públicas para la igualdad. Ley 4/2023 , de 28 de febrero, para la igualdad real y efectiva de las personas trans y para la garantía de los derechos de las personal LGTBI: Objeto de la Ley, ámbito de aplicación y definiciones

1. El objeto y el ámbito de aplicación de la Ley para la Igualdad efectiva entre Mujeres y Hombres, vienen recogidos en su:

a) Disposición Final Primera.
b) Disposición Adicional Primera.
c) Título Primero.
d) Título Preliminar.

2. Según su artículo 1, la LO 3/2007 tiene por objeto hacer efectivo el derecho de:

a) Conciliación de la vida laboral y familiar de mujeres y hombres.
b) Igualdad de trato y de oportunidades entre mujeres y hombres.
c) Participación en los asuntos públicos en igualdad de condiciones.
d) No discriminación por razón de sexo.

3. Las obligaciones establecidas en la LO 3/2007 son de aplicación a:

a) A toda persona, física o jurídica, que se encuentre o actúe en territorio español, cualquiera que fuese su nacionalidad, domicilio o residencia.
b) A todos los ciudadanos españoles, ya sea en territorio español o territorio de cualquier país extranjero.
c) A toda persona, física o jurídica, que se encuentre o actúe en territorio español, con nacionalidad española.
d) A toda persona, física o jurídica, que resida en territorio español, cualquiera que fuese su nacionalidad.

4. Según el artículo 4 de la LO 3/2007, la igualdad de trato y de oportunidades entre mujeres y hombres:

a) Es un deber de las Administraciones Públicas.
b) Es una fuente formal del Derecho.
c) Es un principio informador del ordenamiento jurídico.
d) Es un objetivo fundamental del procedimiento administrativo.

5. El principio de igualdad de trato y de oportunidades entre mujeres y hombres:

a) Sólo se aplica en el ámbito del empleo público.
b) Se garantizará incluso en el acceso al trabajo por cuenta propia.
c) No se aplica en la afiliación y participación en organizaciones sindicales o empresariales.
d) Se garantizará en los términos que prevean los convenios colectivos.

6. La situación en que se encuentra una persona que sea, haya sido o pudiera ser tratada, en atención a su sexo, de manera menos favorable que otra en situación comparable, se considera:

a) Discriminación directa.
b) Acoso sexual.
c) Discriminación indirecta.
d) Violencia de género.

7. Una diferencia de trato basada en una característica relacionada con el sexo ¿constituye discriminación en el acceso al empleo?

a) Sí, en todo caso.
b) No, siempre que la formación necesaria se base en dicha característica.
c) No, siempre que dicha característica constituya un requisito profesional esencial y determinante.
d) No, si debido a la naturaleza de las actividades profesionales concretas o al contexto en el que se lleven a cabo, dicha característica constituya un requisito profesional esencial y determinante, siempre y cuando el objetivo sea legítimo y el requisito proporcionado.

8. En virtud del artículo 6.2 de la LO 3/2007, la situación en que una disposición, criterio o práctica aparentemente neutros pone a personas de un sexo en desventaja particular con respecto a personas del otro:

a) En cualquier caso constituirá discriminación directa.
b) En cualquier caso constituirá discriminación indirecta.
c) No se considera discriminación indirecta si dicha disposición, criterio o práctica pueden justificarse objetivamente en atención a una finalidad legítima y los medios para alcanzar dicha finalidad son necesarios y adecuados.
d) En ningún caso podrá considerarse discriminación.

9. Conforme al artículo 6.3 de la LO 3/2007, toda orden de discriminar por razón de sexo:

a) Sólo se considera discriminatoria si se ordena discriminar directamente.
b) En ningún caso se puede considerar discriminatoria.
c) Sólo se considera discriminatoria si ordena una discriminación indirecta.
d) En cualquier caso se considera discriminatoria, sea directa o indirecta.

10. A los efectos de la LO 3/2007, definimos como acoso sexual:

a) Cualquier comportamiento realizado en función del sexo de una persona, con el propósito o el efecto de atentar contra su dignidad y de crear un entorno intimidatorio, degradante u ofensivo.
b) La situación en que una disposición, criterio o práctica aparentemente neutros pone a personas de un sexo en desventaja particular con respecto a personas del otro, salvo que dicha disposición, criterio o práctica puedan justificarse objetivamente en atención a una finalidad legítima y que los medios para alcanzar dicha finalidad sean necesarios y adecuados.
c) Todo trato desfavorable a las mujeres relacionado con el embarazo o la maternidad.
d) Cualquier comportamiento, verbal o físico, de naturaleza sexual que tenga el propósito o produzca el efecto de atentar contra la dignidad de una persona, en particular cuando se crea un entorno intimidatorio, degradante u ofensivo.

11. Según el artículo 8 de la LO 3/2007, todo trato desfavorable a las mujeres relacionado con el embarazo o la maternidad constituye:

a) Acoso sexual.
b) Acoso por razón de sexo.
c) Discriminación directa por razón de sexo.
d) Discriminación indirecta por razón de sexo.

12. Cualquier comportamiento realizado en función del sexo de una persona, con el propósito o el efecto de atentar contra su dignidad y de crear un entorno intimidatorio, degradante u ofensivo, constituye:

a) Discriminación directa.
b) Acoso sexual.
c) Acoso por razón de sexo.
d) Discriminación indirecta.

13. Conforme al artículo 7.4 de la LO 3/2007, el condicionamiento de un derecho o de una expectativa de derecho a la aceptación de una situación constitutiva de acoso sexual o de acoso por razón de sexo se considerará:

a) Acto de discriminación por razón de sexo.
b) Creación de un entorno intimidatorio, degradante u ofensivo.

c) Anulable y sin efecto.

d) Indemnizable.

14. En virtud del artículo 9 de la LO 3/2007, cualquier trato adverso o efecto negativo que se produzca en una persona como consecuencia de la presentación por su parte de queja, reclamación, denuncia, demanda o recurso, de cualquier tipo, destinados a impedir su discriminación y a exigir el cumplimiento efectivo del principio de igualdad de trato entre mujeres y hombres, se considerará:

a) Discriminación directa.

b) Discriminación por razón de sexo.

c) Injustificado.

d) Acoso sexual.

15. Para prevenir la realización de conductas discriminatorias en los actos y las cláusulas de los negocios jurídicos, el artículo 10 de la LO 3/2007 prevé la existencia de un sistema de sanciones eficaz y:

a) Proporcionado.

b) Comprensible.

c) Cuantificable.

d) Disuasorio.

16. Según el artículo 10 de la LO 3/2007, los actos y las cláusulas de los negocios jurídicos que constituyan o causen discriminación por razón de sexo se considerarán:

a) Válidos, pero anulables.

b) Nulos y sin efecto.

c) Ilegales.

d) Nulos, pero con efectos.

17. Conforme al artículo 12 de la LO 3/2007, cualquier persona podrá recabar de los tribunales la tutela del derecho a la igualdad entre mujeres y hombres, de acuerdo con lo establecido en el artículo 53.2 de la Constitución:

a) Siempre que la relación en la que supuestamente se produce la discriminación se encuentre vigente.

b) Incluso tras la terminación de la relación en la que supuestamente se ha producido la discriminación.

c) Siempre que se haya dado por terminada la relación en la que supuestamente se produce la discriminación.

d) A menos que se haya procedido a la suspensión de la relación en la que supuestamente se produce la discriminación.

18. La capacidad y la legitimación para intervenir en los procesos civiles, sociales y contencioso-administrativos que versen sobre la defensa del derecho de igualdad entre mujeres y hombres, corresponden a:

a) La persona acosada, únicamente.
b) Cualquier ciudadano.
c) Las personas físicas y jurídicas con interés legítimo.
d) Cualquier persona jurídica.

19. La persona acosada será la única legitimada en los litigios:

a) Sobre discriminación directa.
b) Sobre acoso sexual y acoso por razón de sexo.
c) Sobre acoso sexual únicamente.
d) Únicamente sobre acoso por razón de sexo.

20. El artículo 14 de la LO 3/2007 señala como uno de los criterios generales de actuación de los Poderes Públicos para el cumplimiento de los fines de esta ley, la participación equilibrada de mujeres y hombres en:

a) Los órganos colegiados de organismos públicos.
b) Los órganos directivos de las empresas de más de 250 trabajadores.
c) Los tribunales de selección y de decisión.
d) Las candidaturas electorales y en la toma de decisiones.

21. Un criterio general de actuación de los Poderes Públicos, según el artículo 14 de la LO 3/2007, es el establecimiento de medidas que aseguren la .... del trabajo y de la vida personal y familiar de las mujeres y los hombres, así como el fomento de la .... en las labores domésticas y en la atención a la familia. Qué dos palabras completan acertadamente la frase anterior:

a) Conciliación y corresponsabilidad.
b) Estabilidad y cooperación.
c) Corresponsabilidad y cooperación.
d) Estabilidad y conciliación.

22. Según el artículo 15 de la Ley para la Igualdad efectiva entre Mujeres y Hombres, el principio de igualdad de trato y oportunidades informará la actuación de todos los poderes públicos:

a) Con carácter transversal.
b) De forma equilibrada.
c) Solo cuando se trate de colectivos de especial vulnerabilidad o de violencia de hecho.
d) Con carácter no vinculante.

23. Conforme al artículo 15 de la LO 3/2007, las Administraciones Públicas integrarán el principio de igualdad de trato y oportunidades entre hombres y mujeres en la adopción y ejecución de sus disposiciones normativas, en la definición y presupuestación de políticas públicas en todos los ámbitos y en el desarrollo del conjunto de todas sus actividades, de forma:

a) Activa.
b) Inteligente.
c) Visible.
d) Coordinada.

24. Según el artículo 16 de la LO 3/2007, los poderes públicos:

a) Procurarán atender al principio de presencia equilibrada de mujeres y hombres en los nombramientos y designaciones de los cargos de responsabilidad que les correspondan.
b) Podrán atender al principio de presencia equilibrada de mujeres y hombres en los nombramientos y designaciones de los cargos de responsabilidad que les correspondan.
c) Deberán atender al principio de presencia equilibrada de mujeres y hombres en los nombramientos y designaciones de los cargos de responsabilidad que les correspondan.
d) Obligarán atender al principio de presencia equilibrada de mujeres y hombres en los nombramientos y designaciones de los cargos de responsabilidad que les correspondan.

25. Según el artículo 17 de la LO 3/2007, el Gobierno, en las materias que sean de la competencia del Estado, aprobará un Plan Estratégico de Igualdad de Oportunidades:

a) Anualmente.
b) Bianualmente.
c) Cada cuatro años.
d) Periódicamente.

26. El artículo 18 de la LO 3/2007, exige al Gobierno la elaboración de un informe periódico sobre el conjunto de sus actuaciones en relación con la efectividad del principio de igualdad entre mujeres y hombres. Los términos en que se elaborarán estos informes se determinarán:

a) Por ley orgánica.
b) Por ley.
c) Reglamentariamente.
d) En una ley de bases.

27. El Gobierno dará cuenta del informe sobre el conjunto de sus actuaciones en relación con la efectividad del principio de igualdad entre mujeres y hombres:

a) Al Congreso de los Diputados.
b) A las Cortes Generales.

c) A las asociaciones y organizaciones de mujeres.

d) Al Defensor del Pueblo.

28. Los proyectos de disposiciones de carácter general y los planes de especial relevancia económica, social, cultural y artística que se sometan a la aprobación del Consejo de Ministros deberán incorporar:

a) Un Plan Estratégico de Igualdad de Oportunidades.

b) Una estadística o encuesta que posibilite el conocimiento de las diferencias en los valores, roles, situaciones y condiciones, de mujeres y hombres en el ámbito de acción del proyecto o plan.

c) Un informe periódico sobre el conjunto de sus actuaciones en relación con la efectividad del principio de igualdad entre mujeres y hombres.

d) Un informe sobre su impacto por razón de género.

29. El artículo 20 de la LO 3/2007, establece una serie de medidas obligatorias a las que se someterán los estudios y estadísticas que elaboren los poderes públicos. Cuál de las siguientes es una de dichas medidas:

a) Excluir sistemáticamente la variable de sexo en las estadísticas, encuestas y recogida de datos que lleven a cabo.

b) Realizar muestras lo suficientemente amplias para evitar que las diversas variables incluidas puedan ser explotadas y analizadas en función de la variable de sexo.

c) Explotar los datos de que disponen de modo que se puedan conocer las diferentes situaciones, condiciones, aspiraciones y necesidades de mujeres y hombres en los diferentes ámbitos de intervención.

d) Establecer e incluir en las operaciones estadísticas nuevos indicadores que posibiliten un mejor conocimiento de las similitudes en los valores, roles, situaciones, condiciones, aspiraciones y necesidades de mujeres y hombres.

30. Conforme al artículo 22 de la LO 3/2007, las corporaciones locales, con el fin de avanzar hacia un reparto equitativo de los tiempos entre mujeres y hombres, podrán establecer:

a) Planes Municipales de Empleo con perspectiva de género.

b) Ordenanzas de regulación del tiempo.

c) Ordenanzas o Edictos de representación equilibrada en los tiempos de la ciudad.

d) Planes Municipales de organización del tiempo de la ciudad.

31. El objeto de la Ley para la igualdad real y efectiva de las personas trans y para la garantía de los derechos de las personas LGTBI es:

a) La ordenación de las políticas públicas y la regulación de estructuras, recursos y servicios en favor de la rectificación pública de este colectivo.

b) Garantizar y promover el derecho a la igualdad real y efectiva de las personas lesbianas, gais, trans, bisexuales e intersexuales, así como de sus familias.

c) Armonizar los requisitos para el reconocimiento de la condición efectiva de las personas pertenecientes a la comunidad LGTBI.

d) Definir el instrumento principal de colaboración entre las distintas comunidades y colectivos para lograr el respeto hacia la comunidad LGTBI.

32. Se produce cuando una disposición, criterio o práctica aparentemente neutros ocasiona o puede ocasionar a una o varias personas una desventaja particular con respecto a otras por razón de orientación sexual, e identidad sexual, expresión de género o características sexuales. Nos referimos a:

a) Discriminación directa.
b) Discriminación interseccional.
c) Discriminación indirecta.
d) Discriminación por error.

33. ¿Cómo se denomina a la condición de aquellas personas nacidas con unas características biológicas, anatómicas o fisiológicas, una anatomía sexual, unos órganos reproductivos o un patrón cromosómico que no se corresponden con las nociones socialmente establecidas de los cuerpos masculinos o femeninos?

a) Orientación sexual indefinida.
b) Identidad sexual neutra.
c) Expresión de género abierta.
d) Intersexualidad.

Solución al test n.º 17

1. d) Título Preliminar.

2. b) Igualdad de trato y de oportunidades entre mujeres y hombres.

3. a) A toda persona, física o jurídica, que se encuentre o actúe en territorio español, cualquiera que fuese su nacionalidad, domicilio o residencia.

4. c) Es un principio informador del ordenamiento jurídico.

5. b) Se garantizará incluso en el acceso al trabajo por cuenta propia.

6. a) Discriminación directa.

7. d) No, si debido a la naturaleza de las actividades profesionales concretas o al contexto en el que se lleven a cabo, dicha característica constituya un requisito profesional esencial y determinante, siempre y cuando el objetivo sea legítimo y el requisito proporcionado.

8. c) No se considera discriminación indirecta si dicha disposición, criterio o práctica pueden justificarse objetivamente en atención a una finalidad legítima y los medios para alcanzar dicha finalidad son necesarios y adecuados.

9. d) En cualquier caso se considera discriminatoria, sea directa o indirecta.

10. d) Cualquier comportamiento, verbal o físico, de naturaleza sexual que tenga el propósito o produzca el efecto de atentar contra la dignidad de una persona, en particular cuando se crea un entorno intimidatorio, degradante u ofensivo.

11. c) Discriminación directa por razón de sexo.

12. c) Acoso por razón de sexo.

13. a) Acto de discriminación por razón de sexo.

14. b) Discriminación por razón de sexo.

15. d) Disuasorio.

16. b) Nulos y sin efecto.

17. b) Incluso tras la terminación de la relación en la que supuestamente se ha producido la discriminación.

18. c) Las personas físicas y jurídicas con interés legítimo.

19. b) Sobre acoso sexual y acoso por razón de sexo.

20. d) Las candidaturas electorales y en la toma de decisiones.

21. a) Conciliación y corresponsabilidad.

22. a) Con carácter transversal.

23. a) Activa.

24. a) Procurarán atender al principio de presencia equilibrada de mujeres y hombres en los nombramientos y designaciones de los cargos de responsabilidad que les correspondan.

25. d) Periódicamente.

26. c) Reglamentariamente.

27. b) A las Cortes Generales.

28. d) Un informe sobre su impacto por razón de género.

29. c) Explotar los datos de que disponen de modo que se puedan conocer las diferentes situaciones, condiciones, aspiraciones y necesidades de mujeres y hombres en los diferentes ámbitos de intervención.

30. d) Planes Municipales de organización del tiempo de la ciudad.

31. b) Garantizar y promover el derecho a la igualdad real y efectiva de las personas lesbianas, gais, trans, bisexuales e intersexuales, así como de sus familias.

32. c) Discriminación indirecta.

33. d) Intersexualidad.

TEST N.º 18

El sistema operativo Windows: el escritorio, los iconos, barras de tareas, menú de inicio, accesorios, ventanas de Windows, barra de menú, barra de estado. El ordenador: Panel de control, el ratón. Programas y documentos. Organización de la información: el explorador de Windows, gestión de carpetas y archivos. Herramientas del sistema

1. ¿Cuál de los siguientes no es un asistente personal de voz?

a) Siri.
b) Google Now.
c) Google Up.
d) Cortana.

2. Los archivos y carpetas borrados se guardan en la carpeta $Recycle.Bin, que está oculta como carpeta o archivo del sistema; ¿dónde está situada?

a) Se ubica en la unidad principal del sistema operativo.
b) En la carpeta \System\Temp\Recicle.
c) Está presente en todas las unidades de disco.
d) En la carpeta \System\Recicle.

3. En Windows 10 el botón restaurar permite:

a) Maximizar, es decir, ampliar el tamaño de la ventana a toda la pantalla.
b) Ampliar el tamaño de la ventana al 50 %.
c) Colocar el tamaño inicial de cuando fue abierta.
d) Volver la pantalla a su estado anterior.

4. En Windows 10, a la leyenda "Recientes, Frecuentes, Tareas o Más visitados" la denominamos:

a) Hello List.
b) Continuum List.
c) Jump List.
d) One List.

5. De los siguientes valores indica cuál no es una versión de Windows 10:

a) Continuum.
a) Home.
b) Enterprise.
c) Education.

6. Con respecto a la tienda de aplicaciones, podemos decir que:

a) Es una novedad.
b) Fue una novedad del Windows 8, pero se ha "relanzado" en el Windows 10.
c) Ha desaparecido en Windows 10.
d) Fue una novedad del Windows Mobile, pero se ha "relanzado" en Windows 10.

7. De las siguientes características, solo una pertenece al centro de actividades de Windows 10:

a) Tiene notificaciones del sistema.
b) Muestra exclusivamente notificaciones de Windows Defender.
c) Se visualiza directamente en la barra de tareas.
d) No muestra avisos del Windows Update.

8. El antivirus incorporado en Windows 10 se denomina Windows Defender pero anteriormente se denominaba:

a) Microsoft Visio.
b) Microsoft Firewall.
c) Microsoft AntiSpyware.
d) Microsoft Security SO.

9. ¿Cuál de las siguientes combinaciones abre la ventana "Ejecutar" en Windows 10?

a) Tecla del logotipo de Windows + F.
b) Tecla del logotipo de Windows + E.
c) Tecla del logotipo de Windows + R.
d) Tecla del logotipo de Windows + L.

10. En Windows 10, si queremos desplegar el panel de "inicio", ¿qué combinación de teclas usaremos?

a) Ctrl + Mayús + A.
b) Ctrl + Barra Espaciadora.
c) Ctrl + Alt + A.
d) Ctrl + Esc.

11. ¿Cuáles son las tres aplicaciones en Windows 10 para el manejo de los archivos multimedia?

a) Fotos, Música y Películas.
b) Fotos, Música y Movies.
c) Cortana, Música y Movies.
d) Fotos, Cortana y Movies.

12. Los iconos del escritorio se activan haciendo doble clic con el ratón o con el dedo en pantallas táctiles y pueden ser de tres tipos:

a) Programas, Carpetas y Accesos directos.
b) Programas, Carpetas y Aplicaciones.
c) Programas, Aplicaciones y Accesos directos.
d) Programas, Aplicaciones y Navegadores.

13. Si al usar la papelera de reciclaje nos encontramos con que no aparece en el escritorio de Windows 10, podremos activarla desde:

a) Configuración > Personalización > Temas > Configuración de iconos de escritorio.
b) Personalización > Configuración > Temas > Configuración de iconos de escritorio.
c) Personalización > Configuración > Iconos > Configuración de iconos de escritorio.
d) Configuración > Personalización > Iconos > Configuración de iconos de escritorio.

14. La combinación de teclas Windows + D:

a) Maximiza la ventana activa.
b) Restaura la ventana activa.
c) Minimiza todas las ventanas abiertas, y despeja el escritorio cuando se pulsa, y las restablecerá a su posición original al volverla a pulsar.
d) Despliega la configuración del sistema.

15. En la siguiente lista, ¿cuál de los siguientes elementos no concuerda con el resto?

a) Edge.
b) Explorer.
c) Chrome.
d) Firewall.

16. En el Explorador de Windows 10:

a) Hay cinta de opciones, caja de direcciones y panel de navegación.
b) Hay cinta de opciones, caja de búsqueda y panel de direcciones.
c) Hay cinta de opciones, caja de navegación y panel de búsqueda.
d) Hay cinta de opciones, caja de búsqueda y panel de navegación.

17. Windows PowerShell:

a) Es la nueva ayuda en Windows 10.
b) Es el nuevo gestor de arranque del sistema.
c) Es una versión mejorada del intérprete de comandos DOS.
d) Es una forma de llamar al sistema operativo MSDos.

18. En Windows 10 queremos refrescar el contenido de la ventana activa. ¿Qué tecla o teclas de acceso rápido utilizaremos?

a) F5.
b) Ctr + X.
c) Alt + F4.
d) Ctrl + Alt + Tab.

19. ¿Cuál de los siguientes son todos modos de captura de la herramienta Recortes?

a) Forma libre, rectangular y circular.
b) Forma libre, ventana y línea.
c) Forma libre, circular y ventana.
d) Forma libre, rectangular y ventana.

20. Se puede retrasar la captura del recorte en la herramienta de Recortes. ¿Cuál es el intervalo de retraso que podemos usar?

a) De 1 a 3.
b) De 1 a 10.
c) De 1 a 5.
d) De 3 a 10.

21. ¿Cuál de los siguientes es un tipo de imagen que se puede abrir con Paint?

a) TIG.
b) JPEG.
c) TIF2.
d) ICA.

22. ¿Cuál de las siguientes no es un accesorio de Windows 10?

a) Notas Rápidas, grabadora de Sonidos y Word.
b) Notas Rápidas, Calculadora y WordPad.
c) Notas Rápidas, grabadora de Vídeos y Calculadora.
d) Notas Rápidas, grabadora de Sonidos y WordPad.

23. A nivel de fichas y secciones, podemos decir que la cinta de opciones del explorador de Windows 10 tiene:

a) Tres fichas y 4 secciones en la ficha Inicio.
b) Tres fichas y 5 secciones en la ficha Vista.

c) Tres fichas y 5 secciones en la ficha Inicio.
d) Dos fichas y 5 secciones en la ficha Inicio.

24. Para seleccionar varios elementos alternativos:

a) Mantenemos pulsada la tecla Shift y hacemos clic sobre los elementos.
b) Hacemos clic en el primero de los elementos y mantenemos pulsada la tecla Shift y hacemos clic sobre el último de los elementos.
c) Mantenemos pulsada la tecla Ctrl y hacemos clic sobre los elementos.
d) Hacemos clic en el primero de los elementos y mantenemos pulsada la tecla Ctrl y hacemos clic sobre el último de los elementos.

25. Para mover una carpeta lo que hacemos es:

a) Cortar y Mover.
b) Copiar y Pegar.
c) Mover y Pegar.
d) Cortar y Pegar.

26. En Windows 10 podemos crear una unidad de Red y para ello usamos la opción de "Conectar a unidad de red"; indica en qué pestaña está la opción:

a) Inicio.
b) Equipo.
c) Vista.
d) Compartir.

27. Podemos decir que la letra "A" en las unidades:

a) Está en desuso y solía ser para disqueteras.
b) Es para unidades extraíbles.
c) Depende de la existencia de unidad B.
d) Para grabadoras de DVD/CD.

28. En Windows 10, ¿los nombres de archivo tienen un máximo permitido?

a) No hay limitación de tamaño.
b) 255 letras.
c) 255 caracteres.
d) 255 bits.

29. En Windows 10 queremos mostrar el cuadro de diálogo de las propiedades del elemento seleccionado. ¿Qué tecla o teclas de acceso rápido utilizaremos?

a) Alt + Tab.
b) Ctrl + Enter.

c) Alt + Enter.
d) Ctrl + Alt + Tab.

30. Si queremos abrir una ventana nueva del Explorador de Windows sin tener en cuenta que haya otras abiertas, ¿qué combinación de teclas se usa?

a) Ctrl – L.
b) Mayús + E.
c) Windows ⊞+ L.
d) Windows ⊞ + E.

Solución al test n.º 18

1. c) Google Up.

2. c) Está presente en todas las unidades de disco.

3. d) Volver la pantalla a su estado anterior.

4. c) Jump List.

5. a) Continuum.

6. b) Fue una novedad del Windows 8, pero se ha "relanzado" en el Windows 10.

7. a) Tiene notificaciones del sistema.

8. c) Microsoft AntiSpyware.

9. c) Tecla del logotipo de Windows + R.

10. d) Ctrl + Esc.

11. a) Fotos, Música y Películas.

12. a) Programas, Carpetas y Accesos directos.

13. a) Configuración > Personalización > Temas > Configuración de iconos de escritorio.

14. c) Minimiza todas las ventanas abiertas, y despeja el escritorio cuando se pulsa, y las restablecerá a su posición original al volverla a pulsar.

15. d) Firewall.

16. d) Hay cinta de opciones, caja de búsqueda y panel de navegación.

17. c) Es una versión mejorada del intérprete de comandos DOS.

18. a) F5.

19. d) Forma libre, rectangular y ventana.

20. c) De 1 a 5.

21. b) JPEG.

22. a) Notas Rápidas, grabadora de Sonidos y Word.

23. c) Tres fichas y 5 secciones en la ficha Inicio.

24. c) Mantenemos pulsada la tecla Ctrl y hacemos clic sobre los elementos.

25. d) Cortar y Pegar.

26. b) Equipo

27. a) Está en desuso y solía ser para disqueteras.

28. c) 255 caracteres.

29. c) Alt + Enter.

30. d) Windows ⊞ + E.

TEST N.º 19

Nociones básicas del procesador de textos Microsoft Word: Principales funciones y utilidades. Elementos de la pantalla. Creación, edición, impresión, grabación y recuperación de documentos. Herramientas de formato y diseño, creación y gestión de tablas y gráficos. Inserción de imágenes, plantillas predefinidas, uso de comentarios y revisiones

1. ¿Desde qué pestaña de la cinta de opciones de Word podremos comparar dos versiones de un documento?

a) Inicio.
b) Referencias.
c) Word no nos permite realizar esa acción.
d) Revisar.

2. ¿Cuál de las siguientes relaciones entre opción y grupo no es correcta?

a) Tachado y Fuente.
b) Interlineado y Párrafo.
c) Espaciado y Párrafo.
d) Hipervínculo y Referencias.

3. La alineación es un comando de Word 365 que afecta a:

a) La selección de texto.
b) La dirección del texto.
c) El interlineado del texto.
d) Los párrafos.

4. ¿En qué ficha y grupo está la opción para utilizar las tabulaciones?

a) Insertar / Tabulaciones.
b) Inicio / Párrafo/ botón cuadro diálogo Párrafo.
c) Inicio / formato / Tabulaciones.
d) Inicio / Tabulaciones.

5. En Word, ¿cuál es la diferencia entre pulsar INTRO y pulsar las teclas Mayúsculas + Intro?

a) Intro indica párrafo nuevo y Mayúsculas + Intro indica salto de línea.
b) No hay diferencias para Word.
c) Intro indica párrafo nuevo, y Mayúsculas + Intro indica salto de sección.
d) Intro indica salto de línea nuevo, y Mayúsculas + Intro indica salto de sección.

6. El botón Borrar Formato en Word:

a) Borra todo el Formato de la selección.
b) Deja el texto sin formato y lo elimina.
c) Funciona haciendo doble clic.
d) Ese botón existe en Excel, pero no en Word.

7. Los sangrados en Word:

a) Definen el límite izquierdo de los párrafos de un documento, pero no el derecho.
b) Definen el límite derecho de los párrafos de un documento, pero no el izquierdo.
c) Definen el límite izquierdo y el límite derecho de los párrafos de un documento.
d) Definen el límite izquierdo de los párrafos de un documento y el estado de la primera línea de cada uno.

8. La carta modelo en un proceso de combinar correspondencia de Word:

a) Tendrá la tabla de datos para combinar.
b) No tendrá los campos de combinación.
c) Incluirá el texto que no varía.
d) Tendrá tantas hojas como datos se combinen.

9. El método más rápido para acceder a las opciones de la cinta de opciones de Word 365 es hacer un clic con el ratón sobre ellas; si queremos acceder a las distintas opciones de los paneles y menús a partir del teclado, podemos pulsar la tecla:

a) F1.
b) Shift.
c) Ctrl.
d) Alt.

10. La combinación de teclas para la alineación centrada es:

a) Ctrl + T
b) Ctrl + Q
c) Ctrl + J
d) Ctrl + Alt + C

11. El interlineado se puede definir como:

a) El espacio que hay entre los párrafos de un documento.
b) El espacio que hay entre los caracteres de un párrafo.
c) El espacio que hay entre los párrafos seleccionados.
d) El espacio que hay entre una y otra línea de un mismo párrafo.

12. ¿En qué menú de Word 365 se encuentra la opción Marcas de Agua?

a) Insertar.
b) Diseño.
c) Disposición.
d) Inicio.

13. ¿Qué combinación de teclas nos lleva en Word 365 al menú de impresión?

a) Alt + Ctrl + R
b) Alt + Ctrl + V
c) Alt + Ctrl + I
d) Alt + Ctrl + D

14. La sangría francesa:

a) Controla el límite izquierdo de todas las líneas del párrafo menos la segunda.
b) Controla el límite izquierdo de todas las líneas del párrafo menos la última.
c) Controla el límite izquierdo de todas las líneas del párrafo menos la primera.
d) Controla el límite derecho de todas las líneas del párrafo menos la segunda.

15. Para disminuir un nivel en una lista Multinivel de Word 365 pulsamos:

a) Mayúsculas + Control.
b) Mayúsculas + Ins.
c) Mayúsculas + L.
d) Ninguna es correcta.

Solución al test n.º 19

1. d) Revisar.

2. d) Hipervínculo y Referencias.

3. d) Los párrafos.

4. b) Inicio / Párrafo/ botón cuadro diálogo Párrafo.

5. a) Intro indica párrafo nuevo y Mayúsculas + Intro indica salto de línea.

6. a) Borra todo el Formato de la selección.

7. c) Definen el límite izquierdo y el límite derecho de los párrafos de un documento.

8. c) Incluirá el texto que no varía.

9. d) Alt.

10. a) Ctrl + T

11. d) El espacio que hay entre una y otra línea de un mismo párrafo.

12. b) Diseño.

13. c) Alt + Ctrl + I

14. c) Controla el límite izquierdo de todas las líneas del párrafo menos la primera.

15. d) Ninguna es correcta.

TEST N.º 20

Hojas de cálculo Microsoft Excel: principales funciones y utilidades. Libros, hojas y celdas. Fórmulas, autofórmulas y funciones, columnas calculadas, gráficos y tablas

1. Si queremos eliminar un comentario que tiene una celda de Excel 365, ¿a qué ficha tenemos que acceder?

a) Revisar.
b) Comentarios.
c) Datos.
d) Programador.

2. Las constantes de Excel 365 pueden ser valores:

a) Numéricos y de tipo texto.
b) Horas y Fechas.
c) Numéricos, de texto, horas y fechas.
d) Numéricos, de texto, horas y fechas y booleanos.

3. Si en una celda aparecen símbolos de sostenido (#####):

a) Está en notación científica negativa.
b) Es un valor de texto incorrecto.
c) El valor no cabe en la altura de la celda.
d) El valor no cabe en la anchura de la celda.

4. De manera predeterminada, Excel 365:

a) Muestra 2 hoja de cálculo.
b) Muestra 5 hojas de cálculo.
c) Muestra 10 hojas de cálculo.
d) Es un valor configurable.

5. La opción de ocultar Hoja de Excel 365 podemos encontrarla en:

a) El botón de lista Insertar.
b) El botón de lista Hoja.
c) El botón de lista Formato.
d) El botón de lista Eliminar.

6. La etiqueta de la hoja de cálculo se colorea totalmente cuando:

a) Estás en una hoja distinta.
b) Estás en la propia hoja.
c) Siempre está coloreada.
d) Si la hoja no está totalmente vacía.

7. En la ficha Página, en el grupo Configurar Página, podemos:

a) Definir los márgenes de la hoja.
b) Definir los saltos de página.
c) Definir la orientación.
d) Definir los márgenes, los saltos de página pero no el centrado de las páginas.

8. La escala de ajuste de la hoja de cálculo, tiene un valor máximo de:

a) 100 %.
b) 400 %.
c) 250 %.
d) 150 %.

9. Un encabezado en Excel 365 es la parte de la Hoja que está:

a) Entre el borde inferior y el margen superior.
b) Entre el borde inferior y el margen inferior.
c) Entre el borde superior y el margen superior.
d) Ninguna de las respuestas es correcta.

10. El código #N/A es:

a) Error de acceso a la celda.
b) Fórmula matricial.
c) Error de celda.
d) División por 0.

11. Las funciones de Excel 365 son:

a) Fórmulas predefinidas.
b) Cálculos predefinidos.

c) Argumentos predefinidos.
d) Macros.

12. La función =SUMA(A1 ; A8 ; A10)

a) Suma todas las celdas desde la A1 a la A8 y además la A10.
b) Suma todas las celdas desde la A1 a la A10 menos la A8.
c) Suma todas las celdas desde la A1 a la A8 y el resultado lo coloca en la A10.
d) Suma las celdas A1, A8 y la A10.

13. La función =SUMA(A1 ; 3 ; A8)

a) Suma 3 veces la celda A1 y la A8.
b) Suma la celda A1 y 3 veces la celda A8.
c) No es una formula correcta.
d) Suma la celda A1, una constante de 3 y la celda A8.

14. La función RESIDUO:

a) Calcula el interés residual de un préstamo.
b) Devuelve el resto de una división.
c) Calcula la parte entera de una división.
d) No es una función correcta, sería RESTO.

15. La función" =REDONDEAR (B3 ; -2)", teniendo en B3 el valor "14,14":

a) Dará un error como resultado.
b) Redondea el valor B3 al valor más cercano a "-2".
c) Redondea el valor B3 y le resta "2".
d) Devuelve como resultado 0.

Solución al test n.º 20

1. a) Revisar.

2. c) Numéricos, de texto, horas y fechas.

3. d) El valor no cabe en la anchura de la celda.

4. d) Es un valor configurable.

5. c) El botón de lista Formato.

6. a) Estás en una hoja distinta.

7. c) Definir la orientación.

8. b) 400 %.

9. c) Entre el borde superior y el margen superior.

10. c) Error de celda.

11. a) Fórmulas predefinidas.

12. d) Suma las celdas A1, A8 y la A10.

13. d) Suma la celda A1, una constante de 3 y la celda A8.

14. b) Devuelve el resto de una división.

15. d) Devuelve como resultado 0.

Cómo acceder al Curso

Auxiliar Administrativo/a
Test del temario

El uso de los códigos **es exclusivo de los compradores de los productos de Editorial MAD**. Cada producto posee un código único y de un solo uso. Es personal e intransferible y da acceso a servicios y contenidos adicionales. Editorial MAD se reserva el derecho de hacer cuantas comprobaciones sean necesarias para identificar al legítimo poseedor del código y dejar de dar servicio a quien haga uso fraudulento del mismo, además de emprender cuantas acciones legales estime oportunas según la legislación vigente.

Deberás acceder a:

mad.es/registro-campus

Si una vez aceptadas las condiciones de uso del Campus decides hacer uso del mismo, necesitarás del siguiente código de acceso junto con los códigos del resto de títulos que se exigen (si fuera el caso):

M8A9T5WVYC